来自德国的问候
预祝您拥有一个美好假期!

亲爱的读者:

或许您会问自己,为何您买了一本德国而非本国制作的旅行指南?但请放心,您已经为此做出了一个正确而又明智的选择。

在2012年中国取得全球旅行冠军之前,该头衔一直被德国保持。对于德国这样一个"小国家"来说,这是令人惊叹的!原因可能是,自1950年开始,旅行的梦想对于广大的德国人来说开始变得更为现实。因此,梅尔杜蒙在与北京出版集团的合作中茁壮成长。

"梅尔杜蒙"的故事是一个了不起的故事,从充满冒险的旅程到成为家族的旅行事业,直至今天已传承三代,现由创始人的孙女继续领航这一成功之旅。如今的"梅尔杜蒙"已是欧洲旅游产品领域遥遥领先的品牌。

手握这样一本旅行指南,您可以高枕无忧。请您相信,无论您要去的是世界的哪个地方,梅尔杜蒙近百年的专业经验以及适合中国旅行者的本土化信息,都可以帮您更精确地了解旅行目的地。

请您开始一段全新的奇遇之旅吧!

这本书会是一个随时陪伴您的伙伴,预祝您有一段充满新的发现和希望的完美旅程!

中国作者
Jim Zheng

踩着90后和80后的分界线出生,没有80后的老成,也没有90后的个性,学生时代不是做三好学生的料,踏入社会不是做拼命三郎的料,但绝对是生活中缺了旅行会要命的料。游过原汁原味的京城,尝过雾都重庆变态辣的火锅,啖过羊城地道的早茶,拜访过祖祖故乡福建,在泰国、柬埔寨、埃及、毛里求斯、留尼汪、塞舌尔、阿联酋都留下了足迹。人生的旅途只有开始没有结束。

德国作者
克里斯蒂娜·科伦
（Kristina · Choolun）

克里斯蒂娜在毛里求斯居住了25年,在这25年间没有一天后悔来此定居。克里斯蒂娜·科伦非常重视这个岛屿以及岛上的人们,并且学着去爱他们。她学会讲克里奥尔语,而且可以用这门语言与人们进行交流,但是她几乎不会讲法语或者英语。因此她了解到许多关于这片土地及其居民的有趣的事——她很高兴继续在这里将这些有趣的事讲给大家听。

梅尔杜蒙的故事

希尔德（Hilde）和库尔特·梅尔（Kurt Mair）是为旅行而生的。早在20世纪20年代第一次世界大战刚刚结束时,他们就驾驶着汽车或者摩托车穿梭在欧洲大陆上。漏气的轮胎、过热的冷却机、失灵的刹车,这些都无法阻挡他们前进的步伐。那时有很多我们今日无法想象的场景,甚至没有一张地图！即使是这样,连撒哈拉大沙漠也无法阻挡梅尔夫妇的冒险之旅。同样他们也会做测绘之旅,这些被探测的路况信息会被精确地整理和保存。第二次世界大战结束后,1948年,库尔特·梅尔成立了公司,路书和地图册是他们的主营产品。库尔特·梅尔离世后,他时年26岁的儿子福尔克马尔·梅尔（Volkmar Mair）继承并领导这个企业,为今天的梅尔杜蒙集团打下了基石,使集团成为一个全球性的媒体集团,其在全球拥有多家办事处,员工380名,年销售额约1亿欧元。

今日的梅尔杜蒙集团不仅仅提供地图,旅行指南、旅行画册、旅行冒险和电子产品构成了集团丰富的产品组合。在中国,梅尔杜蒙与北京出版集团于2014年成立了合资公司,开始服务于中国旅行者日益增长的需求。

毛里求斯

- **8** 欢迎来到毛里求斯
- **14** 当地锦囊
- **16** 体验毛里求斯
  - 16 免费畅游
  - 17 本色毛里求斯
  - 18 雨天游玩
  - 19 休闲之所
- **20** 潮流之选
- **22** 毛里求斯面孔
- **28** 美食
- **32** 购物
- **34** 北部
  - 35 大海湾

- 40 庞普勒穆斯
- 42 佩雷贝勒和马勒勒角
- 44 皮蒙特角
- 46 鹿洞
- **48** 路易港
- **60** 东部
  - 61 贝尔马尔
  - 63 弗拉克中心和弗拉克站
  - 64 马埃堡
  - 69 托舵道斯
- **70** 西南部
  - 71 夏马尔
  - 74 莫纳山
  - 76 苏亚克

图标
- 当地锦囊　当地锦囊
- ★　必游景点
- ●●●●　体验毛里求斯
- ☼　远眺点
- ☻　适合环保、生态旅游
- (*)　拨打需付费的电话号码

酒店价格
€ € €　8 000卢比以上
€ €　5 000~8 000卢比
€　5 000卢比以下

　　此价格指的是普通标准间一晚的价格，包括两顿餐食。

餐厅价格
€ € €　1 500卢比以上
€ €　1 000~1 500卢比
€　1 000卢比以下

　　此价格指的是一顿正餐的价格，包括主菜、配菜以及饮料。

目录

80 西部
- 80 居尔皮普和弗洛雷亚尔
- 85 佛力克昂佛勒克和沃尔马
- 87 卡特勒博尔纳、博巴森和罗斯希尔
- 89 塔马兰
- 90 瓦科阿-菲尼克斯

92 独特体验之旅
- 92 毛里求斯最美之旅
- 96 "周一路线":毛里求斯东部之旅
- 99 穿越西南:一趟穿越不同气候带的旅程

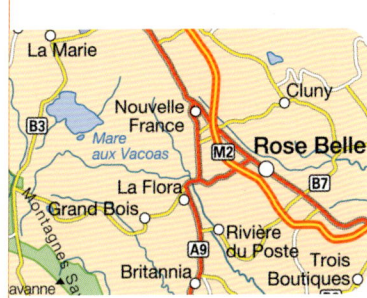

- 102 黑河谷国家公园徒步之旅

104 户外活动
108 带着孩子旅行
112 每月节庆与活动
114 旅行随时查
116 实用信息
122 教你当地话
130 索引
136 禁忌事项

信息检索
历史事件表→P.10
美食→P.30
登上四周群山→P.58
书籍/电影→P.78
罗德里格斯岛→P.79
节庆日→P.113
它们值多少钱→P.117
毛里求斯天气→P.121

地图标注
(折页A-B2-3):折页地图上的位置
(折页a-b2-3):折页地图中附加地图上的位置

欢迎来到毛里求斯

　　去毛里求斯的人，都是为了享受阳光和沙滩的。在这里，您能体验到世界上一个迷人的小角落，这个小角落在狭小的空间中不断地改变地貌和文化。只要花1个小时的时间就可以从沙滩到雨林，而从佛寺到基督教朝圣地只有不到5分钟的路程。在首都路易港（Port Louis），繁华的生活（至少在白天）占据着主导地位，人们发现只有几千米外的多彩村庄似乎来自过去。毛里求斯人真诚地欢迎来到这里的每一个人。马克·吐温（Mark Twain）曾经说过："上帝先创造了毛里求斯，接着以它为模板创造了天堂。"

　　在旅行社的宣传册中，毛里求斯经常被称作"印度洋的钻石"。这个岛屿是阳光爱好者的梦想目的地，这些人注重食宿、服务等配套条件。阳光、棕榈树、白沙滩、适宜沐浴的温暖海水、绿松石色的海湾以及带有大型游泳池的酒店——这一处于亚热带温暖海洋中的岛屿，向游客承诺这一切，甚至更多。

上图：位于莫纳山天堂酒店的沙滩

毛里求斯

二三十年前，毛里求斯还被人们视作一个昂贵的、偏远的高雅旅行地，而且只对"高端人士"开放。毛里求斯的豪华酒店提供传说般的服务、梦幻般的疗养区和广阔的高尔夫球场，是世界上最好的酒店之一。如果您正在寻找独一无二的旅游体验，那么这里一定不会让您失望。与此同时，几乎所有的旅行社都把这个岛屿纳入计划中，并把顶级酒店作为优质、廉价的替代品，因此在印度洋旅行不一定都非常昂贵。在这里，阳光爱好者和活跃的旅行者、户外运动迷都能感受到快乐。从高尔夫球手到电影明星，所有人都可以找到满足自己要求的合适价位。即使游客的数量持续增多也没关系，因为越来越多的沙滩酒店在进行扩建，这一偏远的岛屿也仍然保持着它的魅力。

当葡萄牙的航海家在16世纪发现面积为1 865平方千米的毛里求斯时，他们在那里还发现了一些鸟类、茂密的热带雨林以及一个内有珊瑚礁的大型潟湖。在荷兰人尝试殖民化失败之后，热带风暴和海盗使他们的生活更加困难，法国人与非洲大陆、马达加斯加岛的奴隶一起在这里定居。19世纪初，英国人开始殖民统治，并且带来了数万印度劳工。在那段时间也有很多华人移民来到这里。毫无疑问，如今毛里求斯的居民是由不同的人种所组成的，所有肤色的人一起宽容对待不同的风俗以及宗教。他们为这个岛屿和岛上的文化多样性感到非常自豪。即使是不被官方运用的地方语言——克里奥尔语，也是国家认同感建设过程中的重要组成部

多彩文化的一面——五颜六色的印度长袍

1511年 葡萄牙航海家佩德罗·马斯克林（Pedro Mascarenhas）发现这个无人之岛。

1598年 荷兰人接管了这个岛屿并以总督拿骚（Nassau）王子莫里茨（Moritz）的名字给其命名。

1710年 荷兰人离开，海盗在岛上定居。

1715年 毛里求斯被法国人占领。

1735年 法国总督拉波多内（Mahé de Labourdonnais）主

欢迎来到毛里求斯

分，近120万毛里求斯人在日常生活中都讲这门语言。

随着历史的变迁，热带岛屿的景观也变化多端。该岛屿在大约七八百万年前因为海底的火山爆发而形成，长时间熄灭的火山锥体仍然直入云霄。熔岩地面下沉创造了几乎遍布整个岛屿的珊瑚礁，并形成了一个不超过4米深的浅潟湖。温度为24~27℃、温暖且无大风浪的海水提供了无穷的沐浴乐趣，并为水上运动爱好者提供了良好的条件。珊瑚带以外的大鱼已经成为热情的渔民梦寐以求的猎物。一整年中白天气温保持在24~30℃之间，太阳照耀绿色的岛屿，使得

> 珊瑚礁几乎遍布岛屿周边各个方向的海域。

毛里求斯是潜水爱好者的天堂

- **号，建立了路易港。**
- **1748—1810年** 英国人一直尝试着占领该岛。
- **1810年12月2日** 法国军队在路易港向英国人投降。
- **1814年** 法国人和英国人对这个群岛分而治之——留尼汪岛（Réunion）仍是法国领土，毛里求斯、罗德里格斯（Rodrigues）以及塞舌尔（Seychelles）划归英国。此时，在毛里求斯居住有78 000人，其中80%都是奴隶。

毛里求斯

独特的植被能够茁壮成长。

数十年来，甘蔗一直是毛里求斯主要的经济来源。如今它的副产业占据越来越重要的地位——甘蔗渣发电以及用糖制作朗姆酒。越来越多的甘蔗地进行用途转变，休耕的田地变成了住房区。早在1970年，政府就经济替代方案创建了一个自由贸易区，吸引了多家目前仍在这里生产时装的纺织公司。与此同时，旅游业也得到了发展，岛屿因此获得了更多的关注。

通过旅游业，该岛改变了形象，但是它仍然能保持自身的魅力。沿着美丽的海滩，越来越多的酒店开门迎客，曾经安静的渔村变成了聚会中心。虽然这种发展并非给所有毛里求斯人都带来了好处，但是他们总是以极大的友善来对待陌生人。

> 曾经安静的渔村变成了聚会中心。

未来的经济发展首先在制糖业充满着不确定性，汽车行业则快速发展。非本地人也被允许在此地购买新公寓。毛里求斯政府为应对21世纪的新挑战，决定在信息技术行业加大投入。数码城（Cybercity）是所谓的高科技工业区，就是一个很好的证明。闪闪发光的高楼大厦以及美丽的酒店并不能隐藏一个事实——毛里求斯的经济发展对欧洲市场依赖过深。尽管现代化的生活有很多优点，但是社会保障以及失业救济金仍是陌生的词汇。大多数居民只能梦想着广告中所呈现的生活方式。许多人尝试着在小企业工作、向游客出租房子或者公寓。因此在当地找到一个住处是非常容易的。但是，如果没有提前预订好房间，到达机场就不能获得入境签证。

毛里求斯提供许多沙滩旅游项目。乘坐出租车开启发现之旅或者亲身体验当地巴士之旅，都是值得的。当您骑自行车或者是步行的时候，岛上的美景就会一幕幕出现在您的眼前，您可以呼吸着勒杜鹃的香味，沐浴咸咸的海风，听到甘

1835年 奴隶制被废除，7万多奴隶被解放。

1936年 西沃萨古尔·拉姆古兰爵士（Sir Seewoosagur Ramgoolam）领导创建了毛里求斯工党。工党逐渐发展成为推动毛里求斯独立、民主的主要政治力量。

1958年 引入了普选制度。

1968年 毛里求斯独立，成为英联邦内的主权国家。拉姆古兰成为首任总理，在位共13年。

欢迎来到毛里求斯

宗教是毛里求斯人生活中一个重要的组成部分：路易港的宝塔

蕉林里传出的"哗哗"声，或者唱上一段鸟鸣般婉转的歌声。这一极具反差的岛屿是有很多面的。谁想要发现独一无二的风景，就请前往拥有森林以及瀑布的腹地吧！

　　风景如画的湖泊位于以前的火山口处。西南部黑河谷国家公园的丰富植被是一个亮点。在僻静的河谷和高山上，还可以发现各种原生植物。原始丛林深处生活着一些濒危鸟类，它们代表着岛上曾经存在的物种丰富的鸟类世界，其中包括极为罕见的毛里求斯红隼和像画一样美丽的粉鸽。人们还常常可以见到白尾鹲飞过国家公园的峡谷，也经常可以见到像猴子或者野猪之类的从外地引进的动物种类。花园里郁郁葱葱，开满花朵。在珊瑚礁和许多近海岛屿周围，多彩的水下植物群和动物群繁荣生长。对于那些愿意在毛里求斯倾听和发现新事物的人来说，这个岛屿展现了它无限的魔力。

> 几乎没有鸟儿生活在原始丛林。

当地锦囊

从所有的当地锦囊中,我们为您挑选出了15条最棒的旅行建议。

当地锦囊 ▶徒步旅行和划船

耶马雅探险之旅不仅是户外运动方面的挑战,也是一场令人难忘的毛里求斯自然体验之旅。→ P.44

当地锦囊 ▶天堂小岛与快乐小镇

西南海岸的山海之间,隐藏着悠然的小镇拉高莱特,海对面几百米处的贝尼提耶岛与之遥遥相望,很多船只运营二者之间往返的旅行路线,包括观赏海豚的游览活动。→ P.76

当地锦囊 ▶高处的特别景色

在人们沿着尼科利耶水库方向去努韦勒迪科沃特的道路上,迎面而来的是道路两旁迷人的自然风光。→ P.46

当地锦囊 ▶林中徜徉

在拉格沃夫山庄的风光中漫步、拍照,这里是猴子以及鸟类的栖息地。→ P.67

当地锦囊 ▶甜蜜之旅

蔗糖博物馆脱胎于一座曾经运营两百年的蔗糖工厂,展示了甘蔗制糖业的方方面面,还能品尝到十几种不同的蔗糖。→ P.41

当地锦囊 ▶漂亮的开球

高雅的贝尔马尔海滩酒店拥有两个世界上最美的高尔夫球场。该酒店高尔夫球场的绿色草坪对初学者来说具有挑战性。→ P.62

当地锦囊 ▶大航海时代一瞥

在马埃堡的国家历史博物馆,您可以了解到这座宝岛简短而令人兴奋、引人深思的历史。→ P.64

当地锦囊 ▶志愿者的细致工作

一些"自然之友"在白鹭岛尝试恢复沿海的森林,尽可能地恢复原始植被(右页图)。→ P.67

复古水上行走
在弗林潜水，借助飞跃俯冲器，您可以乘着一块浮板在大海湾上进行滑翔。→ P.104

大快朵颐
通过居尔皮普的库里姆吉商场，狭窄通道可以通往内街，那里的时尚餐厅提供种类丰富的美食——从咖喱到杯形饼应有尽有。→ P.83

充实的娱乐活动
一套完整的程序：来自不同酒店的阳光儿童俱乐部为青少年们提供休闲娱乐活动。郊游或者迪斯科之夜，使孩子们在旅行中的每一秒都是有趣的。→ P.109

老照片
胜过智能手机和数码相机的魅力：25年来，特里斯坦·布雷维尔一直在他的博物馆里收藏着老式摄像机以及照片。→ P.51

眺望
在博伊斯·谢里餐厅用餐时，您可以一边享受美食，一边眺望大海。当您开心得想闭上眼睛享受时，有可能会错过窗外走过的鹿。→ P.79

最佳位置
在鹿岛的特罗西亚，您可以爬到树的高处——这一岛上的绝佳位置被绿松石般夺目的潟湖所环绕，必将带给您难忘的旅行时刻。→ P.110

灯的海洋
排灯节是一个持续多天的欢乐节日，庆祝"善"战胜"恶"。在庆祝节日之际，人们会用灯光装饰房子（左页图）。→ P.113

体验毛里求斯

免费畅游
既省钱，又能发现新事物

省钱有道

- **阿普拉瓦西·加特**
  很久以前，路易港港口的这片建筑群是移民的登陆区和临时收容所。虽然留下的遗迹很少，但是这里可以让游客快速地对这个国家的历史有所了解。➜ **P.50**

- **贝壳收藏家**
  1941年，诗人罗伯特·爱德华·哈特居住在美丽如画的南海岸边的一所小房子里。房屋门由珊瑚和贝壳粘接而成，这在今天是被禁止的。房屋内的家具以及诗人的个人物品被保留了下来。这是一个宁静的可以免费参观的地方。➜ **P.77**

- **人行道上的交响乐**
  周末时，毛里求斯的乐队会在港口以及路易港科当水门的人行道上进行演出，其演出的音乐类型包括流行音乐、爵士乐、赛加音乐以及雷鬼配乐歌曲（图片）。➜ **P.56**

- **面粉的历史**
  路易港科当水门，古老的风磨被安置在一个小型的博物馆内，这个博物馆介绍的是18世纪科当水门的历史，也是当时人们的生活史。参观是免费的。➜ **P.54**

- **老教堂怀古**
  庞普勒穆斯坟墓。艾米琳·丹·卡森娜有全岛最早建立的教堂，近旁还有许多具有历史意义的名人，（Emmeline de Carcenac）就安葬在这里。她撰写过关于夏尔·波德莱尔的文章。➜ **P.41**

- **郊外游玩**
  与庞普勒穆斯的大植物园（SSR植物园）不同，在居尔皮普的植物园中，人们不需要进入园内就可以欣赏到新鲜的草坪、繁茂的樟树、小湖以及仅存的一种棕榈树。许多长椅让您在这田园诗般的景色中流连忘返时可以暂停歇息。➜ **P.81**

本色毛里求斯
不容错过的特色体验

在马背上
自1812年起，人们在路易港的战神广场举办赛马会，这里有南半球最古老的跑马场。在这里，人们既不在意彼此的年龄，也不会产生附庸风雅的氛围。更确切地说，当毛里求斯的所有人都参与到投注中时，您仍然可以感受到公平。→ P.50

自行车上的小吃
毛里求斯人热爱小吃，在街边到处可见贩卖好吃的饺子的小贩。他们中的大部分人只贩卖一种或者两种饺子。在大海湾的海滩上，商贩们在一排排的摊位上提供具有真正异国风情的自助小吃。→ P.36

试穿印度纱丽
沿着主街道有许多商店，古德兰兹就是位于岛屿北部的一座购物城。赶集的时候人山人海，农民和商贩都会把他们的商品带到这里来卖。这些商品除了水果、蔬菜以及调味品之外，还有颜色像烟火一般绚烂的印度时装。→ P.40

在炎热的沙丘旁起舞
周末的时候，一些毛里求斯的家庭会到公共沙滩野餐。大部分情况下，他们会将准备好的食物带到海滩边。在情绪高涨的时候，他们会伴随着传统的音乐载歌载舞。这也是一种体验（图片）。→ P.37

欢度中国新年
春节的时候，路易港充满活力的唐人街会举办列队游行，并且进行跆拳道表演和舞龙舞狮。演出在科当水门结束，并且还会有一些加演节目。→ P.112

去海港而不是水族馆
在毛里求斯，鱼也是非常贵的。谁想要买到新鲜的鱼，就去港口吧！比如去大海湾。大多数的港口都会有卸鱼点，在那里出售前一晚捕获的鱼。由此您可以感受到印度洋丰富多彩的动物。→ P.35

本地特色

雨天游玩
下雨天,也美妙

● **水下漫步**
　　来海底漫步吧!这一经历也可以在大海湾的"日光下海底漫步"项目中体验到。戴着一个潜水头盔,您可以在水下行走(图片)。➔ P.37

● **根据老食谱制作的小饼干**
　　在马埃堡的这家"老字号",这家人1870年以来一直根据家庭食谱用木薯根制作饼干。来这个老工厂看看,品尝一下小饼干吧! ➔ P.65

● **按"米"购买**
　　如果天气糟糕的话,您可以去逛多彩的缝纫天堂:在路易港的科尔德里街,布店鳞次栉比。您可以在这里找到物美价廉的服装布料以及装潢布料。➔ P.55

● **传说中的天价邮票**
　　对于毛里求斯人来说,没有什么能比"蓝色毛里求斯"更有价值了。因此这一珍藏在蓝色便士博物馆中的邮票在一天的大部分时间都不会展出。在参观之前,请您务必询问好该邮票何时展出。➔ P.50

● **逛街购物**
　　大多数的购物中心针对的消费群体是本地大众,然而卡斯卡韦勒购物村的商品对于旅游者来说是极具吸引力的。近30家商店以及许多餐厅位于佛力克昂佛勒克之外的区域。➔ P.86

● **博物馆中的自然历史**
　　渡渡鸟——一种毛里求斯土生土长的不会飞的鸟,当1690年水手们把最后的渡渡鸟作为口粮带上船时,它的时代就结束了。在自然历史博物馆中展出了该鸟的重建模型、岛上的植物群和动物群标本。➔ P.52

下雨时分

休闲之所
深呼吸，尽情享受，忘记烦恼

● 天堂之岛
说真心话：人们可以飞往毛里求斯进行休养。一切事情都可以在海边酒店完成。在离酒店不远处，您可以找到宁静、偏僻的地方。您还可以在鹿岛的日落时分进行散步。→ **P.69**

● 咖啡的色彩疗法
蓝色和绿松石色调可以使人平静。当您在山区的夏马尔餐厅用咖啡并欣赏潟湖的美景时，大部分情况下您都可以正好看到大海闪闪发光。→ **P.72**

● 瀑布下的葡萄酒
您在路边随处都可以买到毛巾、葡萄酒和各种小吃。沿着苏伊克的小路您就可以前往罗切斯特瀑布，然后在宁静的瀑布环境中开始野餐（下图）。→ **P.77**

● 无忧无虑的芬芳
迪纳罗缤巨浪酒店的水疗馆位于莫纳山的山脚处。8间按摩室中的2间位于户外，周围环绕着郁郁葱葱的热带植被。您可以期待被精致的香水所包围，享受温柔的按摩待遇。→ **P.75**

● 在睡莲池边休息
在庞普勒穆斯的SSR植物园里，有许多美丽的地方使人流连忘返——无忧无虑的情侣们很清楚地知道他们为什么要到这里来。在没有导游陪伴的情况下，漫步园中的人们一定会错过一些东西——导游们掌握的关于本地特色珍稀植物的知识几乎是取之不尽，用之不竭的。→ **P.41**

● 在大自然中修行
在一些庆祝日里，有多达30万名信徒一起来到圣水湖。在这里，人们可以看到寺庙、巨大的湿婆神像和杜嘉女神像。→ **P.73**

潮流之选

① 穿越森林

距离跑 在岛上,几乎全年都会举办距离跑比赛。比赛时的路线和距离每次都不同。无论是山区路线还是直线路线,无论是5千米跑还是马拉松赛,顶级运动员都会参加。在比赛时,参与比获胜更重要。传统的毛里求斯马拉松路线是(@ www.mauritiusmarathon.com)沿着南部美丽的海滨直到皇家比赛(@ www.royalraid.com),途经山丘、山谷以及郁郁葱葱的国家公园。

融入血液的音乐 ②

音乐 加勒比雷鬼音乐以及塞加音乐共同奠定了毛里求斯的音乐基调。这些音乐不仅旋律入耳,而且摄人心魂。像门沃(Menwar @ www.menwar.net)以及六人组合奥滕狄克克街道男孩(Otentikk Street Brothers @ www.facebook.com/otentikk.brothers)这样的音乐家经常进行现场直播。我们只要看一眼每日新闻就能知道目前正在发生的事情。迈克尔·拉斯卡(Michael Lascar)是一位成功的跨国界音乐家(@ www.michael-lascar.ch)。

进入未知世界

③

自然课堂 许多毛里求斯人其实也并不了解他们的国家,尤其是大自然。如果您想驾驶越野车去郊游的话,也可以带上自己的家人,因此这种旅行方式非常受人们欢迎。越野车通过越野滑雪道进入国家传统自然保护区的高海拔地区,在那里您可以发现许多独一无二的植物。当您经过瀑布的时候,您会再一次地发现小鹿。这些旅游项目由南部的国家传统自然保护区(Heritage Nature Reserve @ www.heritagenaturereserve.com)和莱图瓦勒山庄(Le Domaine de l'Etoile)提供(@ www.terrocean.mu)(左图)。

毛里求斯有许多新鲜事物等待您去探索。

更多的海洋

水上运动 浮潜在这里不是什么新鲜事，您认为呢？对于毛里求斯人来说，直到现在他们还买不起潜水镜和游泳脚蹼，但是他们现在开始热爱水下世界了。这里有美丽的浮潜海域，但真正的天堂是岛屿东南部的蓝湾海洋公园（Blue Bay Marine Park）。这里是大自然迷人的馈赠：珊瑚花园里生活着鹦嘴鱼、鲈鱼、唇鱼、小丑鱼等众多鱼类。令人兴奋的是，您可以乘坐海上卡丁车开启有趣之旅（🏠黑区 @ www.fun-adventure.mu）。在操作讲解结束之后，您可以自己作为船长驾驶迷你胡佛船（Minihoover Boot）到达佛力克佛勒克，然后再返回到贝尼提耶岛附近。向导船一直守候在旁边保证您的安全。如果您喜欢水下运动的话，请联系位于佛力克昂佛勒克（Flic en Flac）的深渊公司 Abyss @ www.abyss-mauritius.com）。潜水专业人士探索到了西海岸最好的景点，可以体验西海岸的水下洞穴。

最佳融合

烹饪 毛里求斯是一个多民族混合地区——这一点在厨房中也能体现出来。来自于全世界的同时代的影响、地方名菜以及历史联系都能体现在盘子上。比如说在毛里求斯的安娜酒庄饭店（Domaine Anna 🏠 Médine，Flic en Flac）（右图），将法国和毛里求斯的烹饪艺术相融合。在☀大湾餐厅（Les Canisses Resto @ www.lescanisses.restaurant.mu），从棕榈芯配烟熏马林鱼再到烤菠萝香草都能让人们感受到精致的异国情调，而且人们在沙滩边用餐的时候还可以直接享受到大海湾的壮丽景色。

毛里求斯面孔

昂贵的错误

　　1847年出版的"红色毛里求斯"和"蓝色毛里求斯"两套邮票在市面上极其稀有,具有极高的收藏价值。毛里求斯是世界上第一个发行邮票的殖民地。雕版工人将"邮局(Post Office)"的字样刻在了刻有英国维多利亚女王头像的铜板上,并且印刷了500张。当时在毛里求斯的英国总督夫人格姆夫人(Lady Gomm)在350张舞会邀请函中的150张上面贴上了这种邮票。不久之后,人们才发现,邮票上应该印刷"邮资已付(Post paid)"的字样。如今,市面上现存的15张橙色的一便士邮票和12张蓝色两便士邮票最为出名。1993年发行了一套总价6 000万卢比的邮票集。原版本的真品现在路易港的蓝色便士博物馆(P.50)展出。

寻找马林鱼

　　毛里求斯珊瑚礁附近的海域海

上图:甘蔗地

悲情的小说英雄、激动人心的音乐、带有异域风情的植物和令人惊奇的动物——毛里求斯的自然和文化熠熠生辉。

极深,是海洋垂钓者理想的垂钓区。这里有很多的马林鱼,每条大概都有0.5公斤重。旺季开始于11月,结束于次年3月。捕鱼工具和装备在岸边有许多地方可以租借或购买得到。但是垂钓者们需要注意的是,海里的鱼的现有量已经因为大型船只的捕捞而大量减少了。

岛上幻想家

法国总督拉波多内于1699年来到圣马洛(Saint Malo)。他最初是商船

毛里求斯

队的一员,自1735年开始,他任职殖民地总督,确保了法国对印度洋的统治地位。他建立了城市路易港,扩宽了海港,修建了道路,建立了政府大楼,打造了第一台磨糖机并建造了保护海岛的军事防御体系。因为10年后的一场阴谋,他失去了自己的地位并且在之后的许多年都在法国的监狱中度日。虽然他在最后得到了平反,但还是于1753年被谋杀并被肢解。因为他的实干和设想,岛上发展的基石得以建立。

带香气的红心花

生长在莫纳山的山坡上,1994年被定为毛里求斯的国花。红色的五片花瓣包裹着橘黄色的花蜜,闻起来像香草,吸引着壁虎、蜜蜂和各种鸟类。

保罗和维吉妮

法国人雅克-亨利·贝尔纳丁·德·圣彼埃尔(Jacques Henri Bernardin de Saint Pierre)的长篇小说《保罗和维吉妮(Paul & Virginie)》不仅纪念了他的爱人,同时也怀念着毛里求斯的热带丛林。两个天真的孩子从小生活在一个偏远的山谷里,两人互为要好的玩伴,青年时期相互爱慕对方。但是不久,维吉妮便被送到了法国。怀着对保罗的想念,她乘坐一艘名为"圣格兰(St.Géran)"的船来到毛里求斯。不幸的是,船在离岛不远的地方触礁了,她也溺死在潮水中——就死在站在岸边的保罗眼前,伤心的保罗最终也悲痛致死。作为毛里求斯的文化符号,两人仿佛真的在这个世上生活过,人们可以在岛上找到他们的"踪迹"。在路易港和

聪明的解决问题之道:殖民时期别墅尤里卡四面都可通风,不需要安装空调

毛里求斯面孔

尔皮普有他们的纪念碑。在庞普勒穆斯,人们宣称维吉妮和她的母亲曾去过这里的教堂。在SSR植物园里,甚至为女孩建造了"坟墓"。历史上曾经发生过这样一起海难,一艘船1744年4月17日在琥珀岛(Île d'Ambre)附近撞沉,为此建立了一座纪念碑,船体残骸可以在马埃堡的博物馆里看到。许多酒店和餐厅会将名字命名为"保罗和维吉妮"。书中的画画也十分有价值,经常被人们印在T恤衫上。

木麻黄

白色沙滩的两边,不是椰子树,而是木麻黄。18世纪,木麻黄从澳大利亚被引进;如今,密密麻麻的木麻黄布满了整个海滩。和椰子树一样,木麻黄也生长在沙滩的咸土地上。它能够迅速繁衍并扎根,原因在于它的根部和枝丫十分灵活,可以承受住飓风和气旋。从外观上来看,木麻黄与欧洲落叶松类似,但是它的"针"实则是树枝的延长,就好像是木贼交错在一起。

毛里求斯皇家之路

在毛里求斯的所有城市里,主路都叫皇家之路(Route Royale),或者叫皇家大道、皇家大街。所有城市里的主路无非就是这三个名字。主路上聚集了店铺、餐厅和酒吧。因为毛里求斯的房屋都没有门牌号,所以每家店铺的外观都有自己的特色。对于外地人来说,要是想找到一家店铺,要么就聚精会神仔细找找,要么就去问问当地人。因为人们不会记得住全部那些支路的名字,所以最好去问想找的店铺附近的当地人(尤其是在西北海滩,人们经常会有这样的印象)。但是,皇家之路也不是一条贯通整座岛屿的大路。

殖民天才

在19世纪富裕家庭建造的豪华住所中,仅有一小部分依然存在。建筑材料为细木良材,都有带顶棚的长廊,可以通向所有房间。这样的开放式设计保证了良好的通风,即使在炎热的夏天,室温也可以控制在可承受的范围之内。为了降低火灾隐患,厨房为石质结构。位于莫卡(Moka)的旧日宅邸别墅尤里卡和位于居尔皮普的奥宾诺山庄(Domaine des Aubineaux)如今已被改造成为博物馆,展示了昔日的华丽风光。尤里卡里陈设有19世纪价值连城的家具;而参观奥宾诺山庄的时候,人们可以感受到1999年去世的主人麦亚姆·吉姆博(Myriam Guimbeau)的艺术品位。

殖民时代的办公大楼和代表处由石头建成,受到火灾和飓风的影响都不大,因此被更好地保存了下来。路易港的政府大楼、毛里求斯大学(Mauritius Institute)和路易港的剧院、马埃堡的国家历史博物馆(National History Museum)以及吉姆博(Guimbeau)的居尔皮普皇家学院(Royal College)都是这一类建筑的代表。

西沃萨古尔·拉姆古兰

这个名字在毛里求斯随处可见。机场、植物园、大型医院以及其他许多公共设施都叫这个名字,每个城镇基本都有一条街叫这个名字。1900年,拉姆古兰出生在毛里求斯,父母是印度人。从英国学成归国后,他致

毛里求斯

力于争取毛里求斯的自治;他领导创建了毛里求斯工党,进行长期政治斗争。1968年,他的愿望终于实现。他担任毛里求斯第一任总理直至1982年。他于1985年去世,毛里求斯人民称他为"民族之父和独立的建筑师"。他的后人和他创立的政党至今仍在这个岛国有重要的影响力。

赛加夜狂热

赛加是一种来自非洲的音乐形式,起源于18世纪末的奴隶之间——也许是为工作增添一点趣味,或者是为了享受不多的自由时间。直到20世纪80年代,除了克里奥尔人之外,没有人认真对待这种音乐;而如今,赛加已是毛里求斯的文化遗产。每家大型酒店都设有赛加之夜。这个五彩缤纷的活动的真实性虽然有待考究,但是仍存在着特有的魅力。赛加作品讲述了爱和日常,但是是以讽刺的口吻讲述的,有时候也讨论时事政治问题。最开始,人们仅使用最简单的乐器——一个三角铁、一把马拉瓦纳吉他(Maravane)、一种将钢丝琴弦拴在葫芦瓢上的乐器和拉瓦纳手鼓(Ravanne,一种扁平的鼓)——演奏这种乐曲。现代赛加也被讽刺地称作"赛加沙龙",音乐家们在演奏赛加音乐时也会用到和弦和电吉他。赛加音乐有时也与雷鬼音乐相融合,统称为"赛鬼(Seggae)"。

多种语言说"你好"

毛里求斯的官方语言是英语,上流社会的人们讲法语,而普通百姓日常生活中主要用克里奥尔语("你好"在克里奥尔语中是"Bonzour")。印度语、乌尔都语、马拉地语、泰卢固语和汉语(广东话)是少数族群使用的语言,但是也有学校教授这些语言。克里奥尔语中很多词汇以法语为基础——融合了马达加斯加语、印地语和英语的元素。在媒体中,也有克里奥尔语的广告短片和一个新闻节目,其他则全使用法语。印度电影保留了印地语。来这里度假的人,会英语就足够了,但是毛里求斯人更喜欢人们讲法语。

所有都来自糖

每年3月至6月的时候穿越毛里求斯岛,会发现甘蔗如高墙一般,密密麻麻地拔地而起,遍布全岛。岛上大约80%的土地都种植甘蔗。人们可以在庞普勒穆斯的蔗糖博物馆(L'Aventure du Sucre)或者现代化糖厂中了解如何从甘蔗的茎秆中提取汁液制糖,大部分的工厂都设有专员,专门负责为游客讲解。

岛上的制糖工业飞速发展。和欧洲签订的协议在很长一段时间内保证了糖的价格位于世界市场价格之上,但是必须放弃与世界贸易组织的协议。如今,制糖生产商希望可以靠着副产品多赚一些钱:甘蔗渣已经可以用来发电。

狂风大作的时节

仅需要几个小时,飓风便可以在小岛上呼啸而过;但是之后的景象,仿佛是飓风在此停留了好几天。飓风是一种气旋风暴,一般在12月至次年4月期间登陆。当海水温度长时间高于26℃并极易蒸发时,它便在赤道附近的海上形成了。飓风中心的风速可达每小时250千米,极易引起大潮和洪

毛里求斯面孔

想要进行一场愉快的对话吗?大部分的毛里求斯人都会说英语

降雨。在陆地上,飓风带有严重的破坏力:道路被淹没,屋顶被掀翻,树木被连根拔起,草木也东倒西歪,一片狼藉。毛里求斯的媒体会在飓风来临前许多天使用各种语言预报飓风雷雨天气,让人们提前做好准备,保证财物安全,提前储存食物和日用品,在家居住不安全的人们也可以提前去公共建筑里躲避。

灭绝的鸟

17世纪末期,人们最后一次看到渡渡鸟,但是如今人们仍然可以看到它们——各种姿势、各种颜色的渡渡鸟纪念品在商店里随处可见;餐厅和酒吧也以它命名;官方也将它刻在徽章上。渡渡鸟属于鸽子的一种,比火鸡稍大一些,短腿,身体笨拙,长脖子上面长着一个圆圆的脑袋,脸上无毛,长着巨大的喙。它没有舒展的翅膀,仅有残存的末端;没有尾巴,只有一撮羽毛。它不具有飞行能力,在地上下蛋——这两个特点都不一般。它的肉虽然并不肥美,但是对于早期荷兰的航海人来说,也是换换口味时的佳品。据说,人们最开始捕猎渡渡鸟仅为娱乐。人们引入的动物,如老鼠、猪、山羊和猩猩也加速了渡渡鸟的灭绝。路易港的自然历史博物馆展示了渡渡鸟的重建模型。

美 食

您若不想在大海湾、佩雷贝勒（Péreybère）和佛力克昂佛勒克这些热门地段住宿，那么您可以预订提供半日膳食的住宿，因为在大部分的度假酒店外面，走不了几步就有许多餐厅。

您若是住在短租公寓或者离小村庄不远的地方，可以在附近找到小吃店、路边摊、小餐厅、比萨店和高级餐厅。这里餐厅的卫生条件大多都不错，很少出现吃坏肚子的情况。这里的菜品种类齐全：印度餐、克里奥尔餐、中餐和法餐，应有尽有。尤其是在高端餐厅和豪华酒店中，来自三大洲的厨师会为您奉上精致菜肴。这里几乎到处都可以找到素食。但是在旅游景点附近的餐厅里，环境设施和服务仍有待提高；不过异域风情的菜肴和友好的服务员可以弥补这一点不足。

沿街大多是克里奥尔餐、中餐、欧洲餐。日料和野味并不十分常见，偶尔可以遇见。值得绕路去一下大海湾的穆勒咖啡（Café Müller）或者是

上图：克里奥尔菜的调料

毛里求斯菜肴融合了许多国家的菜品——无论是在精品餐厅还是在路边的小店里。

庞普勒穆斯的维也纳华尔兹(Wiener Valzer),那里供应奥地利蛋糕和上子的咖啡。素食者一般喜欢选择丰富多样的印度餐厅。

基本所有酒店晚餐都是自助餐,偶尔也可以点菜。您若是没有在大餐厅或者酒店旗下餐厅用餐,一般都可以得到一个折扣。这里的菜品多是地中海菜肴、野味、烧烤、海鲜或者高级法餐。大部分的餐厅中午12:00—14:00和晚上18:00后营业,过了晚上21:30便很难找到一家仍然在营业的餐厅了。

无论这里的毛里求斯人的祖先是印度人、中国人、法国人还是克里奥尔人,他们都传承并融合了每个菜系

毛里求斯

特色美食

Alouda——类似于牛奶的饮品，可呈现玫瑰色、浅绿色或者香草黄色。冷藏后搭配水果果粒和果汁冻饮用。

Boulettes chinoises——带馅的小丸子，现炸现吃的小零食。

Briyani——辣味的米饭，配上肉丝、鸡蛋丝和蔬菜丝。

Cabri masala——山羊肉配上马萨拉酱，是印度传统葬礼上颇受欢迎的一道菜。

Cari de cerf——炖鹿肉配上味道浓郁的番茄洋葱酱。

Cari/curry de Poulet——鸡肉、西红柿、洋葱和马萨拉粉一起烹饪，搭配米饭和芒果一起食用。

Curry d'agneau avec coco et raisins——口味清淡的羊肉，搭配椰肉和葡萄干食用（左上图）。

Gâteau patate——红薯制成的多汁的菜肴，毛里求斯的"国民甜品"。

Mine Frite——中国面条的一种克里奥尔改良版，可以搭配蔬菜、鸡肉、牛肉或者鱼肉。

Ourite sauce piquante——由新鲜的或者风干的墨斗鱼制成，搭配姜黄、辣椒和姜制成的酱汁。

Poisson sauce créole——整条烤鱼或者搭配番茄酱的鱼排。

Punch（潘趣酒）——大多是自己酿造的，作为开胃酒。它也可以和朗姆酒（rhum arrangé）一样，作为助消化饮品。

Rougaille de bœuf——一种炖牛肉，搭配香菜汁（cotomili）。

Samoussas——油炸脆皮小馅饼，有许多口味的馅料（右上图）。

最好的菜谱，同时仍然保留了各民族独有的讲究和传统。印度人在制作肉米饭（bryani）的时候，会选用羊肉或者鸡肉代替牛肉；穆斯林在制作餐食的时候不使用猪肉。

克里奥尔人的菜肴最为丰富。他们的家常菜叫作cari（curry）、daube和rougaille。他们选用白肉、翅类或者鱼肉搭配不同酱汁，同时就着米饭、扁豆或者豌豆、炒熟的菜叶

美食

（brèdes）或者是红番茄和辣椒的混合物（chatini）食用。

美食

番茄（pommes d'amour）、洋葱、马萨拉粉、姜黄粉、香菜辣椒和调料叶（cari poulet）制成的酱汁最为常见。Vindaye是一道肉菜，由鱼块或者其他肉块放在由姜、苏安、洋葱和醋混合而成的酱汁中制成。根据印度的传统，扁面包（rotis，nans或faratas）也属于正餐，在岛上十分受欢迎，有时餐厅里也会供应法棍。Dholl pouris是一种带有裂口黄豆的扁面包。Faratas是全麦面包或者白面包的统称。您若是正在环岛旅行，可以吃最方便也最简单的零食或者炒面条（mine bouilli 或 mine frite），或者是在自行车停靠点附近可以买到的辣的零食。大部分的小店都出售一种三角形的馅饼（samoussas），里面是肉馅或者素馅。这些食物价格便宜，仅需要几个卢比。但是不用担心，这里的卫生条件还可以。您一定不能错过品尝种类丰富的海产品。

带有异域风情的灵魂食物：克里奥尔菜

饮品

在当地的凤凰酿酒厂如今生产酿造5种啤酒。最著名的是凤凰、蓝色马林鱼和斯特拉皮尔斯。当地生产的红酒采用了进口的葡萄。比较推荐品尝这里的南非红酒，在餐厅里，南非红酒的选择也十分多样。啤酒就像朗姆酒一样，在烟酒超市里都可以轻易找到，人们也会坐在路边喝啤酒。酒店酒吧里提供的鸡尾酒和朗姆酒混合饮品十分可口。

越南风情的饮品也很受欢迎：鲜榨果汁和异域水果制成的鸡尾酒。酸奶饮品lassi和椰奶不容错过，值得品尝。在炎热的夏天，来一杯带柠檬草的饮料吧。叶片先快速过水，浓汁冷却后加入糖浆增甜。

购 物

渡渡鸟是岛上最具代表的形象了——在每家纪念品商店里都可以见到这一已经灭绝的鸟类的形象。毛里求斯也不仅仅有俗气的伴手礼。除了甘蔗种植（还有副产品朗姆酒）之外，毛里求斯的蜡染和首饰也都十分出名。您若是想为自家书架增添一点装饰，轮船模型是个不错的选择。

花

心形的花烛是备受欢迎的伴手礼。人们可以致电太阳纪念品店（Sun Souvenir 6 37 37 84）预订鲜花，然后在机场收到用盒子装的包装精美的花束。

购物中心

位于卡特勒博尔纳（Quatre Bornes）高速路旁的果园中心（Orchard Centre）、位于去往佛力克昂佛勒克路边的卡斯卡韦勒购物村和位于弗洛雷亚尔（Floréal）的索弗洛（Soflo）是毛里求斯最受欢迎的购物中心。年轻的学生喜欢去罗斯希尔的永耀购物街（Les Galeries Evershine），因为那里的衣服和化妆品都很便宜。最漂亮的购物中心当属位于路易港的科当水门和路易港水门（Port Louis Waterfront）的购物中心。同样引人入胜的是大湾的拉克罗塞特（La Croisette）和卡的小街购物中心（Bagatelle Mall），里面餐厅、咖啡厅、电影院、超市和精品店一应俱全。

饮品

茶叶在超市里就可以买到，过是混合了香草或者可可味道的叶。毛里求斯的朗姆酒近些年来以高品质享誉世界，市场上最出名的牌是绿岛（Green Island），同样产高品质朗姆酒的品牌还有圣奥（Saint Aubin），很纯粹，加入了草或咖啡豆精制。在夏马尔朗姆酒（Rhumerie Chamarel）盛产一种白的甘蔗酒，蒸馏工艺和白兰地一样。

市场

人们在市场上可以买到价格宜的物品。这里除了水果、蔬菜还出售衣服、布料、篮子和餐具购买日用品的时候，人们一般都讲价，但是购买其他物品时价格

朗姆酒、轮船模型、衣服或者首饰：人们可以购买厂家直销商品。

可以商量的。主要市场有：阿伯克龙比（Abercrombie 🕐 周二、周四、周六）、弗拉克中心（Centre de Flacq 🕐 周三、周日）、居尔皮普（🕐 周三、周六）、古德兰兹（🕐 周二、周五）、马埃堡（🕐 周一）、路易港（🕐 每日）、卡特勒博尔纳（🕐 周四、周日出售衣物，周三、周只出售蔬菜）。

轮船模型

根据历史上存在的轮船打造的模型，每一零件制作都很精细。价格也贵：最便宜的4 000卢比；16 000卢比便可以买到制作精美的模型。模型种类多样，都是根据历史上的轮船造的，但是工厂也乐于制作顾客要的形状。在历史海军工厂（Historic Marine）（P.40）可以找到多种选择。

首饰

在毛里求斯可以找到小钻石，这里同样也有许多海外进口的宝石。一些工厂出售直销货，游客们可以在销售处买到免税商品。最出名的宝石加工商有阿达玛斯（Adamas）（P.83）、草芥珠宝（Caunhye Bijoux）和金手指（Goldfinger）（P.56），它们在酒店和购物中心里都设有分店。金匠贝尔恩德·威廉（Bernd Wilhelm 🏠 Draper Av.和Belle Rose Av.交叉口 📞 4 67 94 75 @ www.berndwilhelm.com）在卡特勒博尔纳有工作室，这里出售设计师作品。参观到访需要提前打招呼。

纺织品

岛上的纺织品工厂大批量生产高端西服。残次品和过剩品厂家直销：如弗洛雷亚尔的针织品精品店（Knitwear Boutique）出售T恤衫、毛衣和阿森纳（Arsenal）、卡尔大帝（Karl Kaiser）的男士西装。路易港的科当海滨里出售高质量的产品，这里也可以找到羊绒制品和高端棉麻制品。

北 部

　　路牌上清清楚楚标示着"The North(北部)",这便是北部开始的地方,从北边的海岸一直到路易港的郊区,都属于北部。看一眼地图就会发现,这片区域人口稀少。

　　像特里奥莱(Triolet)、古德兰兹和庞普勒穆斯这样的城镇仅有一条主路,主路两旁是商店,两侧的岔路里有几间房子。整个城镇种满了甘蔗,田野之间是细线一般的小路。若是3月到9月之间来到这里,连续走几千米都是满眼绿色。在收割之前,穿过这里的田野,人们会觉得像走在两堵墙之间。这时候,人们的视野便受到阻碍,只能看到下一个转弯处,抬头看到的天空也只是一小条。

　　这里不仅农业发达,旅游业发展得也不错,原因在于这里的天气。这片区域是岛上降雨量较低的地方。北部的沙滩和海湾风景如画,阳光洒在海上,海底风景一览无余。游客最多的地方是绿松石色海水荡漾的大海湾。游艇和渔船停靠在天然的海港里。主路两旁餐厅林立,支路上设有精品店和纪念品店。在过去几年中,越来越多的购物中心建立起来,比如拉克罗塞特,里面设有咖啡厅、高档商店和影院。

上图:大海湾的海滩

> 水上运动爱好者、美食家和夜猫子的天堂：北部是岛上最适合度假的地方。

大海湾

（Grand Baie）（折页 E4）大海湾（音译"格朗德贝"）是毛里求斯的科特达祖尔（Côte d'azur）（译注：法国地中海滨休假胜地）。想要尽享海滩休闲的人们，就一定不能错过这里。

当渔民们中午捕捞归来时，海港处帆樯林立，一片五彩缤纷的景象。人们可以在沙滩尽头的水上运动中心旁边买到新鲜的鱼。这座小城的夜生活也十分丰富。这里的海港景色优美，也是帆船和滑水运动爱好者的聚集地。这里还有两座颜色鲜艳的印度泰米尔风格寺庙值得游览。

美食

大海湾是毛里求斯餐饮行业的中心，路旁和海滨大道两侧聚集了许多

毛里求斯

小吃店。● 小吃店里提供印度式扁面包配蔬菜以及现做的食品，如带菜、鱼肉或者鸡肉馅的炸馅饼"萨莫萨"（samoussas）。

勒卡皮恩（Le Capitaine）

一级的食物，优质的海鲜，港湾美景尽收眼底。🏠 Royal Road ⏰ 每日 ¥ €€~€€€ ☎ 2 63 68 67

精致烧烤（The Gourmet Grill）

岛上最棒的餐厅之一，主要菜品有海产品和牛排，也有素食。餐厅旁边的香蕉海滩俱乐部（Banana Beach Club）里的音乐值得称赞。🏠 Royal Road ⏰ 周一至周六19:00—23:00 ¥ €€~€€€ ☎ 2 63 85 40

中国宫殿（Palais de Chine）

岛上众多中餐厅中独具特色的一家。这里的特色菜是小蟹等海鲜。🏠 Royal Road ⏰ 每日 ¥ €€ ☎ 2 63 71 20

购物

皇家之路（Royal Road）两侧的精品店里的衣服种类丰富，主营沙滩风情和休闲服饰，备受年轻人喜爱。

大海湾集市（Bazar de Grand Baie）

大海湾集市隐藏在拥挤的小巷中，出售水果、蔬菜、服饰和现代装饰品。🏠 Racket Road ⏰ 周一至周六9:00—17:00，周日9:00—13:00

大海湾中心商业区（Grand Baie Centre Commercial）

在一家商品种类齐全的超市周围坐落着现代化商铺、一家网咖、一家药店和一处儿童游乐场。🏠 La Salette Road ⏰ 周一至周六9:00—20:30，周日9:00—16:30

超级大U超市（Super U Hypermarket）

毛里求斯最大连锁超市的旗舰

您若是对潜水没有兴趣，也可以戴着头盔在水下漫步

北部

店,商品种类齐全,是当地人采购生活用品的首选,也是游客挑选纪念品的好地方。很多包车、租车游客会把车停在门口的停车场,然后直奔海滩。🏠 La Salette Road 🕐 周一至周五 9:00—20:30,周六9:00—21:30,周日9:00至中午

🌟编者荐 日落大道(Sunset Boulevard)

风情购物一条街,里面的高端商铺出售各种潮流服饰。海湾岸边还有咖啡馆。🏠 Royal Road 🕐 周一至周六 9:30—18:00,周日无固定时间

休闲/运动

海滩休闲和游泳

大海湾港口停满了船只,不适合下海。可以在酒店的私人海滩或西北方向的拉科维特(La Cuvette)(折页 E4)海滩休闲。北部和南部也有一些海滩,以及去往佩雷贝勒(折页 D3)的路边、康隆尼角(Pointe aux Canonniers)(折页 D3)(乘坐公交车10~15分钟可达)和去往鹿洞(Trou aux Biches)的路。每到周末,毛里求斯人就会聚集在这里游泳、野餐和庆祝。● 无论男女老少,所有人一起唱歌、跳起传统的赛加舞。一起来吧!

骑马之乐

蒙舒瓦西休闲公园(Mont Choisy Leisure)里面植被茂盛,人们可以骑马参观整个园区,在殖民时代的房舍前怀旧。这趟旅程花费2 100卢比。早上8:00或者下午15:00可以出发,全程用时约1.5小时。🏠 Mont Choisy Sugar Estate 📞 2 65 61 59

日光下海底漫步 ●

戴着充满氧气的头盔在水下3~4米行走喂鱼。🏠 Royal Road ¥ 2 000卢比/20分钟 📞 2 63 78 19 @ www.solarunderseawalk.com

钓鱼

这里聚集了许多渔船船员,他们可以在您钓鱼时帮助您。🏠 Anlegestelle am Sunset Blvd. 📞 2 63 83 58

潜水

在北部,瓦科阿角(Pointe Vacoas)、水族馆或者弗拉特岛(Flat Island)都开设了许多潜水项目,如法属地区潜水站(Mascareignes Plongée 🏠 Royal Road 📞 2 69 12 65)。一些酒店里也设有潜水学校。

必游景点

★ **乘船游览北方岛屿**
扬帆去往壮丽的海滩和潜水区域。→ P.38

★ **SSR植物园**
法国总督曾经的蔬菜园,位于庞普勒穆斯,因里面的睡莲池塘而出名。→ P.41

★ **湿婆神庙**
毛里求斯最大的印度教寺庙。→ P.46

★ **渔夫**
岛上最棒的餐厅之一。→ P.47

★ **蓝水潜水中心**
雨果·维德利带领度假者走进鲨鱼水域。→ P.47

毛里求斯

乘船游览北方岛屿★

驾驶着双体帆船从米尔考恩（Coin de Mire）（折页 E2-3）出发，经过陡峭的海岸，这不仅是帆船运动爱好者的梦想。弗拉特岛（折页 F1-2）和加布里埃尔岛（Îlot Gabriel）的环礁湖白沙滩是此行的目的地，人们在这里体验潜水或者在岛上散步，这些都是值得的。约2小时后，重新登船，在船上品尝烧烤午餐。服务商南方游轮（Croisières Australes 🏠 Coastal Road ¥ 2 425 卢比，包含伙食费 📞 2 02 66 60 @ www.croisieres-australes.mu）。

夜生活

酒吧和餐厅

大海湾的大部分餐厅都适合晚上去。尤其是年轻人，他们晚上聚集在各种酒吧和夜店，玩到很晚。香蕉咖啡馆（Banana Café）和佛祖酒吧（Buddha Bar）是热门地点，里面还可以跳舞。可可当地酒吧（Cocoloko Bar）带有热带花园，里面的鸡尾酒多种多样，以供选择。

巴拉巴（Barabar）

游客和当地人都喜欢的地方。当地和外国艺术家会定期来这里进行现场表演。无论是爵士乐还是电子音乐，这里的音乐种类应有尽有。周五有DJ，周六有现场音乐。🏠 海岸边，靠近加油站 🕐 周三至周六20:30至次日1:00 @ www.facebook.com/barabarmauritius

可怕的年轻人（Les Enfants Terribles）

一家年轻人喜欢去的酒吧夜店，有超大的走廊。富人经常去的地方。音乐有嘻哈、灵魂乐、节奏布鲁斯等。🏠 Royal Road, Pointe aux Canonniers 🕐 周五、周六22:30后

失眠俱乐部（Insomnia Night Club）

当地最热门的夜店。嘻哈、舞曲和迪斯科在这里上演。🏠 Coastal Road 🕐 周五、周六23:00至次日5:00 @ www.insomnia.mu

住宿

康隆尼酒店（Le Canonnier）

酒店位于半岛鹿洞和大海湾之间的热带花园里，适合带孩子的家庭入住。迷你酒吧位于一座考旧灯塔内。酒店包含3片小沙滩、1个大泳池以及多种运动项目。248间客房 🏠 Royal Road, Point aux Canonniers ¥ €€€ 📞 2 09 7 00 @ www.beachcomber-hotels.com

埃斯普里特图书馆（Esprit Libre）

杰罗姆·贝勒弗里德（Jerome Bellefroid）开设了这家温馨的旅店，康隆尼角附近有一家附属餐厅。12间客房。🏠 Rue Bourdet ¥ €€ 📞 2 6 11 59 @ www.espritlibremaurice.com

大海湾套房（Grand Bay Suites）

大海湾中心的短租公寓，有2间套房，包含起居室和卧室、现代化厨房和阳台、露台。附近有超市、餐厅和商铺，步行可达。🏠 Royal Road ¥ €€ 📞 57 72 93 03 @ www

北部

夜晚小酌一杯，欣赏美丽的海景：在皇家棕榈树酒店，睡觉会错过许多美景

randbaysuitesmauritius.com

大海湾旅行（Grand Baie Travel & Tours）

整洁的平房和公寓，适合短租，步行可达海滩。¥ €€ 📞 2 63 87 1 @ www.gbtt.com

曼陀罗莫里茨（Le Mandala Moris）

酒店提供食宿，带泳池，位于热带花园里。房间里带有小厨房。您若没有兴趣自己做饭也没关系，附近有许多小餐厅。8间客房。🏠 Rue des Etoiles, Pointe aux Canonniers ¥ € 📞 59 40 20 1 @ lemandalamoris.com

海洋别墅（Ocean Villas）

小别墅公寓，食住自理，在大海湾海滩附近的安静地段。附近有超市、餐厅、酒吧和夜店。19间平房，22间客房。🏠 Royal Road ¥ € 📞 2 63 10 00 @ www.ocean-villas.com

皇家棕榈树酒店（Royal Palm Hotel）

从外观到细节都展现着奢华——这座房屋紧邻白沙滩，有69间套房。带有一家酒吧及美容、按摩区域（包括桑拿、阿育吠陀——译者注：源自印度传统医学的一种养生保健活动）。房价28 000卢比起。🏠 Royal Road ¥ €€€ 📞 09 83 00 @ www.beachcomber-hotels.com

走廊大海湾酒店和水疗馆（Veranda Grand Baie Hotel & Spa）

这家酒店紧邻游艇俱乐部，距离地区中心仅15分钟步行路程，环境私密，共94个房间。提供潜水基

39

毛里求斯

础课程（📞 2 63 80 16）🏠 Royal Road ¥ €€ 📞 2 09 80 00 @ www.veranda-resorts.com

问询中心

大海湾旅游中心（Grand Bay Travel）

游客可以在这里获取关于岛上旅游和附近景点的信息，以及自行车、电动车和汽车的租借信息。🏠 Royal Road，在城镇中心 🕐 周一至周五 9:00—18:00 📞 2 63 87 71

周边景点

古德兰兹（Goodlands）（折页F4）

古德兰兹是毛里求斯的一个典型的小城镇，位于大海湾以东9千米处。城中有一条拥挤的商业街，商业街两侧小巷中是居民区。商铺会将一部分商品摆在街道上，供人参观选购；周三和周六上午的集市人头攒动，出售水果和蔬菜。集市位于城镇东部。●周三和周五出售针织品。这里很少有游客，游客们还可以去集市对面的历史海军工厂（🕐 周一至周五9:00—17:00，销售处周六、周日9:00—12:00也营业 ¥ 门票免费 @ www.historicmarine.com）参观，工厂自1982年起生产高质量的轮船模型。游客可以观摩整个制作过程。

在耶马雅冒险之旅（Yemaya Adventures ¥ 2 875卢比起 📞 57 53 00 46 @ www.yemayaadventures.com）报名参加一场皮艇旅行，穿过红树林去往琥珀岛，穿梭在大大小小的岛屿之间。中午时分，岛上有野餐。全程6小时的旅途，中间会留出潜水的时间，您也可以利用这段时间从格兰高佰（Grand Gaube）渔村出发，骑车去卡洛戴恩（Calodyne）。旅程从古德兰兹出发，乘坐迷你巴士可去往圣安托尼（Saint Antoine）。

省钱有道

在穆勒咖啡（🏠 Royal Road, Grand Baie 📞 2 63 52 30 @ www.cafe-muller.restaurant.mu）吃周六早午餐：每年9月到次年6月，每周六10:00—14:00之间，人们可以花约500卢比享用一顿丰盛的早午餐（需要提前预订）。

出游小贴士：乘坐公交车仅需要几卢比。部分公交车为长途车，您可以自己规划，路过各个景点。告诉售票员您想去哪里，上车时准备好零钱。早晨和晚上车上一般会很拥挤。这里没有发车时间表，在一些偏远地区，公交车是招手即停的，不用在公交车站等车。您可以在酒店前台获取公交车的线路信息。

庞普勒穆斯

（Pamplemousses）（折页E5）庞普勒穆斯在路易港东北方向，只有半小时车程。这里历史悠久，矗立着岛上最古老的教堂。

如今，这里遍布小工厂，还设有当地最大的公立医院。城市形象一流，而实际情况有时候不尽如人意。主路两侧是连锁品牌商店、酒吧和快餐店。庞普勒穆斯城镇唯一值得一提

北部

的便是它的植物园了。

景点

蔗糖博物馆（L'Aventure du Sucre）

展板、展品和交互性的展示，展出了关于甘蔗的历史以及甜味副产品的加工相关信息，还有关于岛上农业和糖的副产品朗姆酒的信息。这里的餐厅也值得一去。🏠植物园往北约300米 🕐周一至周日9:00—17:00 ￥门票400卢比 @ www.aventuredusucre.com

SSR植物园（Sir Seewoosagur Ramgoolam Botanical Gardens）★●

这里曾经是法国总督的菜园，如今已是毛里求斯的必游景点，这一点是法国总督当年肯定没有想到过的。起初法国人打算将毛里求斯变成一座香料岛，打破荷兰的垄断，将本地的货物运向世界各地。就连培育兰花和观赏性植物，也是为了出口。

如今这座植物园是休闲胜地和教育基地，以开国总理拉姆古兰的名字命名。面积虽然不大，但是热带植物种类齐全。最好请一位导游，导游可以讲解关于植物的知识，让客尽量不错过园中那些珍稀的物种。这里种植着多种棕榈，还有许多各有千秋的热带珍稀植物。除此之外，园里还养着大海龟，有许多国际知名人士栽下的树木，还有"我的荣幸"别墅酒店（Mon Plaisir），位于一处建于1777年殖民时期的别墅。周末，许多当地人会来此野餐。🕐每日8:30—17:30 ￥门票200卢比，1小时导游费100卢比

阿西西的圣方济各教堂（Saint François d'assise）●

教堂外表简朴，纵梁壮观，建于1756年，是岛上第一座教堂——它建立的时间比这座城市还要早。1737年建成的教士住宅算是毛里求斯最古老的建筑之一。教堂附带的墓地也值得游览，在这里可以找到许多旧墓碑，如阿伯·比那维塔（Abbé Buonavita）的墓碑：拿破仑在被流放至圣赫勒拿岛（St.Helena）时，他是拿破仑的神父。

SSR植物园中的热带植物王国

毛里求斯

美食

当地推荐 ▶ 维也纳华尔兹咖啡馆（Valse de Vienne）

在维也纳华尔兹花园咖啡馆里，人们可以品尝一下当地特色的味道。除此之外，这里也有一些简单的饭菜。🏠 Powder Mill Road，在教堂后身 🕐 每日 ¥ €~€€ 📞 2 43 84 65

辣椒之乐（La Plaisir de Poivre）

这家餐厅位于植物园对面的临街，提供克里奥尔菜和欧洲菜。🏠 Royal Road 🕐 每日中午 ¥ €~€€ 📞 2 43 85 29

购物

Le Village Boutik

商店就在蔗糖博物馆旁，店里有各种蔗糖制品，也有礼品套装，包装很精致。还有甘蔗制作的朗姆酒，可以先尝后买。要注意有些糖类易碎，不宜长途携带。🕐 9:00—17:00

周边景点

拉波多内城堡（Château de Labourdonnais）（折页E5）

城堡位于马普（Mapou），庞普勒穆斯东北的3千米处。这座建于1859年的城堡如今是家族产业。当人们穿过房间的时候，仿佛回到了19世纪。参观完别墅后，您还可以在花园中的百年古树下闲逛，有芒果树、肉豆蔻树和丁香树。这里还有一家朗姆酒生产厂、一家酒吧，酒吧里可以买到甘蔗酒。还有一家餐厅，菜肴都是按照殖民时期的配方制作而成的，还能品尝到各种果酱。🕐 每日 9:00—17:00 ¥ €€~€€€ 📞 2 66 71 72 @ www.unchateaudanslanature.com

佩雷贝勒和马勒勒角

（Pereybére & Cap Malheureux）（折页E3）小浴场佩雷贝勒距离大海湾以北仅几千米，位于一处海湾内，有漂亮的沙滩。

五颜六色的浴巾和纪念品在风中飘扬，旁边的小餐厅将桌子摆在丝状树荫里。这里要比大海湾安静，小而简单的酒店和公寓为家庭、背包客和年轻人都提供了合适的房间。几千米的不远处便是 🌿 马勒勒角——"不幸角"。这里的海滩沙子少且粗糙。"不幸角"这个名字可能来自在这里遇难的船只。海边的私人别墅阻碍了看海的视野。只有在海角，在小小的红顶教堂（Notre Dame de l'Auxiliatrice）里，可以看到绝美海景，教堂的红顶十分显眼。天气好的时候，可以看到米尔考恩、弗拉特岛和圆岛。

美食

朱莉俱乐部（Julie's Club）

佩雷贝勒一家出色的餐吧，鸡尾酒种类齐全。还有卡拉OK之夜。🏠 Royal Road 🕐 每日 ¥ €~€€ 📞 5 98 63 32

北部

马勒勒角的红顶教堂有着绝佳的全景视野

咖奈子（Kanaco）

一家温馨的餐厅，供应鱼类和其他海鲜。这里的咖喱菜也十分可口。🏠 Mariamen Temple Road，马勒勒角 🕐 周二至周五18:00—22:00，周六11:00—16:00和18:00—22:00 ¥ € 📞 57 55 41 27

棕榈海滩咖啡厅（Palm Beach Café）

紧邻佩雷贝勒海滩，这里的食物可口：沙拉、希腊煎饼、三明治、烤鲜鱼。环境温馨，当地人也经常光顾。🏠 Plage Publique 🕐 每日 ¥ €~€€ 📞 2 63 58 21

兄弟餐厅（Restaurant Amigo）

人们在这里享用龙虾和海鲜，环境安静，可以容纳50桌客人。这里也供应毛里求斯本地的咖喱菜。这里的一大特色：墙面是顾客的留言簿。有时晚上还会有音乐演出。建议提前预订。🏠 Le Pavillon，马勒勒角 🕐 周一至周六 ¥ €€~€€€ 📞 2 62 62 48

休闲/运动

辛巴达（Sindbad）

这家水上运动中心提供帆板项目，开设浅水区课程及提供不易到达海域的游览。在马勒勒角、安斯拉雷（Anse La Raie）和格兰高伯可以找到合适的风筝冲浪区域。🏠 Royal Road，马勒勒角 📞 52 55 18 50 @ www.sindbad.mu

住宿

阿拉曼达（Allamanda）

简单实惠的住宿。共15个房间，食宿自理，带有小厨房。附近有日用品店和小餐厅。贝恩贝夫（Bain Boeuf）的海滩距离这里仅100米——从那里人们可以欣赏到米尔考恩的美景。乘坐公交车也可以很快地到达佩雷贝勒或者大海湾，在那里可以找到超市、商铺和银行。🏠 Coastal Road，Bain Boeuf ¥ € 📞 57 27 70 27 @ www.allamandamauritius.com

毛里求斯

当地锦囊 天堂湾酒店（Paradise Cove Hotel）

这家岛上最浪漫的酒店位于一个人工环礁湖周围，这里的陈设充满了殖民时代气息。无论是双体帆船游、水下探秘，还是深海垂钓，度假者都可以在这里享受到大部分免费的活动项目。食物优良，位置安静。67间客房。🏠 Anse La Raie，马勒勒角 ￥€€€ 📞 2 04 40 00 @ www.paradisecovehotel.com

佩雷贝勒酒店（Péreybère Hotel）

佩雷贝勒中心的一家小酒店，位于公共沙滩对面。25间客房。🏠 Royal Road ￥€ 📞 2 63 81 65 @ www.pereyberehotel.com

皮蒙特角

（Pointe aux Piments）（折页D5）皮蒙特角附近的细沙滩周围豪华酒店林立，一直延伸到巴拉克拉瓦（Balaclava）海湾。

从柠檬河（Rivière Citron）河口的港湾直到海龟湾（Baie aux Tortues）是潜水的绝佳地段。离沙滩不远处的珊瑚礁十分容易到达。这里除了酒店，几乎没有其他设施。

美食

日落餐厅（Soleil Couchant）

这里的菜式简单但是很美味，咖喱菜是特色菜。您还可以在这里租住简单的房间。🏠 Royal Road 🕐 每日 ￥€ 📞 2 61 67 86

休闲/运动

毛里求斯水族馆（Mauritius Aquarium）

这家小小的水族馆为游客们展现了毛里求斯的水下世界——不用潜水鞋就可以一览无余。这里生活着虾、蟹、海鳝、海龟和鲨鱼。🏠 Coastal Road 🕐 周一至周六9:30—17:00，周日10:00—16:00 ￥350卢比 📞 2 6 45 61 @ www.mauritiusaquarium.com

当地锦囊 耶马雅探险之旅（Yemaya Adventures）

参与者可以通过皮划艇、山地自行车、徒步等各种户外运动直接地感受到大自然的奇妙。从🌿勒普斯山（Le Pouce）可以眺望到岛屿北部。📞 57 52 00 46 @ www.yemayaadventures.com

北部

门前的海：在湛蓝湖水旁的天堂湾酒店

住宿

马丽蒂姆度假村和水疗馆（Maritim Resort & Spa）

度假村位于自然保护公园海龟湾，提供九球高尔夫课程，也有马术，受到上流社会人士的青睐——主要是德国人和英国人。泳池和大海之间是一家舒适的酒吧；3家餐厅中的一家建在了巴拉克拉瓦遗址上。212间客房。🏠 海龟湾 ￥ €€€ ☎ 2 04 10 00 @ www.maritimresortandspa.mu

欧贝罗伊酒店（The Oberoi）

这家豪华酒店位于别墅内，花园中带有私人迷你泳池。酒店里可以看到美丽的海景。环境私密，服务周到。71间客房。🏠 海龟湾 ￥ €€€ ☎ 2 04 36 00 @ www.oberoihotels.com

礁石酒店（Recif Attitude）

这是一家友好、现代化的酒店。带有一处水疗区，适合家庭亲子游客和年轻的夫妻。这里提供的运动项目有潜水和坐船游览。70间客房。🏠 Royal Road ￥ €€€ ☎ 2 61 04 44 @ www.lerecif.com

维多利亚酒店（Le Victoria）

这里十分现代化，生机勃勃，位于一处宽阔的海滩旁。带有大泳池、上好的餐厅、几家酒吧，夜晚娱乐活动丰富，还能参与许多运动项目。这里为儿童和青少年提供了许多休闲设施，因此也成了家庭度假村。254间客房。🏠 海龟湾 ￥ €€~€€€ ☎ 2 04 20 00 @ www.beachcomberhotels.com

毛里求斯

特里奥莱的施瓦拉赫寺

我的荣幸别墅酒店（Villas Mon Plaisir）

环境舒适，带有潜水区，适合喜欢休闲的人们。48间客房。🏠 Royal Road ¥ €~€€ ☎ 2 61 79 80 @ www.villasmonplaisir.com

周边景点

尼科利耶水库（Nicoliére Reservoir）（折页 E6）

这片提供饮用水的水库离维尔巴格（Villebague）不远。沿着海边走往努韦勒迪科沃特（Nouvelle Découverte）🌿 实地锦囊▶ 高处的瞭望点，可以看到东海岸和西海岸的美丽景色。也许您还会看到大猩猩在尼科利耶山脉（Nicolière Mountains）的丛林中跑来跑去。🏠 皮蒙特角以东20千米

湿婆神庙（Shivalah Temple）★（折页 D4）

这片巨大的印度教寺庙群位于毛里求斯北端的特里奥莱。富有艺术气息的花样图案画在白色的墙上，使得主寺庙和附近的附属建筑熠熠生辉。🏠 Shivalah Road

鹿洞

（Trou aux Biches）（折页 D4）当提到鹿洞（音译为"特鲁奥克斯毕雪"）的时候，人们不会想到这是一个小城市，而会首先想到它景色绝美的白沙滩。

尤其是在周末，这里一直是成千上万游客的目的地，印度家庭尤其多。这片白沙滩曾经人来人往，十分繁华——可如今和过去相比，还是显

北部

少了一些气氛。

美食

毛里求斯砂锅（La Marmite Mauricienne）

简单的小餐厅，环境舒适，供应毛里奥尔菜、鱼和其他海鲜以及毛里求斯本地菜。🏠 Royal Road ⏰ 周二至周日 ¥ €~€€ 📞 2 65 76 04

渔夫（Le Pescatore）★ ⚘

顾客坐在紧邻码头的长廊上，边吃海鲜边欣赏美景。当地人认为这是岛上最精致的餐厅。🏠 Coastal Road ⏰ 每日，需要预订 ¥ €€€ 📞 2 65 63 37

休闲/运动

潜水艇蓝色之旅（Blue Safari Submarine）

蓝色潜水艇可以下潜至40米深。可以自己驾驶一艘潜水器，在海底遨游。潜水器只在约3米深的潜水区使用。🏠 Le Pescatore ¥ 潜水艇4 900卢比，双人潜水器6 500卢比 📞 2 63 33 33 @ www.bluesafari.com

蓝水潜水中心（Blue Water Diving Centre）★

提供去往沉船残骸和 当地特色▶鲸鱼 石（Whale Rock）的旅程，除此之外还有夜潜和参观鲨鱼坑（Shark's Pit），鲨鱼坑中约有40条鲨鱼。潜水大约要花费2 000卢比，包含潜水装备。🏠 Royal Road 📞 2 65 71 36 @ www.bluewaterdivingcenter.com

住宿

卡迪娜酒店（La Cardinal）

小而隐蔽的房屋，带有13间豪华套房，位于沙滩边。高雅冷淡的设计风格，在顶层公寓中最为典型。🏠 Royal Road ¥ €€€ 📞 2 04 52 00 @ www.lecardinalresort.com

木麻黄酒店（Casuarina Hotel）

一座地中海风格的建筑，带有两个泳池，提供房间和公寓两种选择，位于沙滩道路的另一侧。93间客房，15间平房。🏠 Coastal Road ¥ €€ 📞 2 04 50 00 ✉ casuarina@intnet.mu

碧海蓝天（Le Grand Bleu）

简单的房间和公寓，距离海滩仅50米。带有小餐厅和带棋牌桌的酒吧。附近有潜水学校。61间客房。🏠 Coastal Road ¥ € 📞 2 65 58 12 @ www.legrandbleuhotel.com

鸟屋（Résidence Bois d'Oiseaux）

食宿自理的度假屋，适合5~7个人一起居住。带有大泳池，别墅内有自己的泳池。地理位置优越，紧邻海边。8间度假屋，2栋别墅。🏠 Coastal Road ¥ € 📞 2 65 53 41 @ www.boisdoiseaux.com

鹿洞度假村和水疗酒店（Trou aux Biches Resort & Spa Hotel）

漂亮海滩旁边的热带花园。所有别墅、海景房都带有独立的泳池。6家餐厅提供了多种多样的菜肴。306间套房，27间别墅。🏠 Coastal Road ¥ €€€ 📞 2 04 65 65 @ www.beachcomber-hotels.com

路易港

(Port Louis)(折页 C-D6)
路易港是毛里求斯的首都和商贸中心。政府、海港、几千米长的商业街、博物馆、各类宗教场所、各种风味美食……应有尽有。

但是，路易港（15万人口）仍然像是一座生机勃勃的小城市。现代化和后现代化的写字楼在这里拔地而起，占领了市中心，但这并不能改变整座城市的风格。摩天大楼的轮廓和823米高的山峰融为一体，山脉将半座城市环绕起来，因此形成了特殊的地形：几千米的直路，几千米的弯路。整个城区游览下来，最多需要2小时。

> **从这里出发**
>
> 拉波多内雕像（Mahé de Labourdonnais Statue）（折页 b2-3）：无论您是自驾还是乘坐出租车，最好都从科当水门区的停车场（收费）下车。从这可以步行下坡，直至看到老城区市场里的雕像。如果乘坐公交车，在北站或者南站下车。

上图：路易港水门

> 这里是岛上的心脏：多种宗教和多样的文化在这座喧嚣的首都里混杂而居。

1736年，法国总督拉波多内建立了路易港。他规划建设了一系列的垂直道路网，扩宽了海港，并建设了政府大楼和防御工事。此后，这座城市历经大火和自然灾害的摧残，最后一次是19世纪末的一次飓风。殖民时期留下来的建筑，大多需要整修。只有在政府大楼附近的一小片地区的建筑得到了修缮。

这是一座喧嚣的城市。汽车穿过拥挤的小巷，摩托车挤上了人行道，人行道上还摆满了商人的货物。这里白天熙熙攘攘，晚上18:00之后，店铺关门，人们也就"消失"了，人们会忽然感觉自己是在一座"鬼城"里。

毛里求斯

战神广场的赛马道有一丝爱斯科（Ascot）赛马场的风情

景点

阿普拉瓦西·加特（Aapravasi Ghat）● ⚓（折页c1-2）

1834年，英国人在毛里求斯废除了奴隶制度；此后，这里急需大量劳动力。这些劳动力主要来自印度，也有来自东非、中国和东南亚的。这些劳动力需要在毛里求斯工作很多年，有人替他们买好了船票，因此他们每个月除了食宿费外，可以拿到一点小钱。1849年，人们在海港里建造了一个通道式的仓库，由于巨大的储量，仓库不断地扩建，这个仓库也一直开放到1923年。这段时期里，仅印度合同劳工就累计达到45万人。

如今，这片建筑已经破败不堪，保留下来的部分很少，但它还是被联合国列入了世界文化遗产名录，因为它展示了19世纪的经济和社会关系。如今大多数毛里求斯人的祖先是从这里登陆来到这个国度的。参观这里是免费的。🏠 在邮局北侧 🕐 周一至周五9:00—16:00，周六9:00—12:00 @ www.aapravasighat.org

蓝色便士博物馆（Blue Penny Museum）●（折页a2-3）

博物馆里展示了岛上的历史和文化。航海主题的展品被单独放在一个房间里展示，里面有轮船模型、旧图和航海工具。博物馆里最珍贵的展品是一张没有使用过的原版★"蓝毛里求斯"邮票。这张邮票在10:20—15:20之间，每半小时展示一次，一次展示10分钟。博物馆里禁止拍照。🏠 科当水门 🕐 周一至周六10:00—17:00 ¥ 门票245卢比

战神广场（Champ de Mars Racecourse）★●（折页e-f5-6）

战神广场上的赛马道是毛里求斯赛马俱乐部（Mauritius Turf Club）的大本营。从4月至12月初，每周

路易港

会举行赛马活动。赛马场建于1812年，是继爱斯科赛马场之后世界第二古老的赛马场，但是这里不像英国赛马场那样高雅。每到比赛日，会有约4万名观众聚集在这里——这可不是一般的热闹。🏠 D'Estaing treet @ www.mauritiusturfclub.com

唐人街（Chinatown）（折页 c-d-2）

这里多数的大房子始建于1900年前后，如今都需要修缮，但很多都已经太破旧而难以修葺了。即便如此，它们还是展示了当年城市的风光。一楼有小手工作坊和商店，楼上供人居住。这里的商店出售日用品、铁制品，也有中国传统神像以及药物，主要是针对当地华人出售的。因此，这里对于游客来说要比其他旅游商店更具异域风情。在闲逛的时候，人们可以在一堆乱七八糟的小玩意儿里找到自己喜欢的东西。这里也有几家不错的中餐厅，里面的菜品独具风味。在一些路边小店里，人们还可以买到受欢迎的炒面条（mine bouille）。

唐人街一直很拥挤，就算是在商店关门后，或是在节假日，这里依旧人头攒动。

阿得莱德堡（Fort Adelaide）（折页 e-f 3-4）

为了重新占领法国人夺走的殖民地，英国人于1834年在约100米高的小山丘上建立了阿德莱德堡。从这里可以一览城市美景。如今，在城堡庭院内有一家小杂货铺，里面出售爽口的饮品；这里还有许多珠宝和纪念品商店。🏠 Sebastopol Street

连地精选 摄影博物馆（Photography Museum）（折页 c4）

最初，特里斯坦·布雷维尔（Tristan Bréville）在这里举办了私人展览，之后这里逐渐演变成了一座博物馆。这里展出旧相机、旧照片以及工作室布景。不断有新发现的老物件被陆续送到这里。🏠 Old Council St 🕐 周一至周五10:00—15:00 💴 门票300卢比

★ **蓝色便士博物馆**
没有盖过邮戳因而极其珍贵：这张世界著名的邮票可以在蓝色便士博物馆欣赏到。→ P.50

★ **战神广场**
练兵场上的游行和赛马：从4月至12月，在跑道中心每周六都会有过年的气氛。→ P.50

★ **自然历史博物馆**
了解岛上的动植物和地质史，以及早已灭绝的动物。→ P.52

★ **中央市场**
五彩缤纷的小摊出售着各种异域风情商品。→ P.54

★ **科当水门**
现代化购物中心，还有一家赌场火热营业。→ P.55

★ **尤里卡**
克里奥尔建筑艺术的代表，如今是一座博物馆。→ P.58

毛里求斯

自然历史博物馆里的鲸鱼模型

教堂

天主教主教教堂圣·路易斯教堂（Saint Louis Cathedral）（折页d4）（🏠 Sir William Newton Street）有着不加装饰的灰色外墙和并不华丽的塔尖，整座建筑就如同一座防御塔。教堂内部也十分简朴。教堂前的喷泉自1786年建成以来一直为上城区的居民供水。教堂后是主教宅邸，建于18世纪，它有着巨大的走廊和漂亮的花园。比圣·路易斯教堂还要简朴的是殖民风格的英国国教教堂圣詹姆斯教堂（Saint James Cathedral 🏠 Poudrière Street）（折页d5）。

清真寺

城中心坐落着两座大清真寺。马尔卡齐清真寺（Markazi Mosque 🏠 Ramgoolam Street与Eugèn Laurent Street交叉路口）（折页d3）的两座尖塔高耸入云，但是这座清真寺里面没有什么值得参观的。朱玛清真寺（Jumma Mosque）（折页c-d2）（🕐 周六至次周三9:30—12:00，祷告时间不对外开放）建于1850—1855年，位于唐人街内，大门入口处充满艺术感的雕刻值得一看。这座清真寺独具东方风情，有许多穹顶、立柱和尖塔，仿佛是童话中的城堡。金饰装点了房间和庭院。

自然历史博物馆（Natural History Museum）★ ●（折页b3）

人们可以通过各种展览了解岛上的自然和历史。这里的布置虽然有些简陋，但是海洋动物展区还是令人印象深刻的。博物馆中最珍贵的是渡渡鸟标本，这是一种不会飞的鸟，曾生活在这座岛屿，却因人类的活动而灭绝。英国科学家使用唯一存世的渡渡鸟骨架制作了这个标本。一楼的图书馆其实是了解印度洋上海岛生活的资料库。🏠 Chaussée Street 🕐 周一、周二、周四、周五9:00—16:00，周六、周日9:00—12:00 💰 门票免费

中式寺院

路易港南部矗立着3座巨大的寺院，大部分华人都居住在那里。最大的是南顺会馆（Nam Shun Foon Koon）的天后宫（Tin Hao Pagoda）（折页f5），位于赛马场东南角（🏠 Eugène Laurent Street）。南顺会馆是毛里求斯历史最长的华人宗亲社团，"南顺"指的是广东

路易港

海、顺德。奉祀妈祖的天后宫香火旺盛。寺院外表低调,里面的祭坛恢宏大气。仁和会馆(Heen Foh Lee Kwon 🏠 Volcy Pougnet Street)的大门高耸,颜色亮丽,仿佛是荒野中的"天空之城"。两条街外,是天运宝塔(Tien Tan Pagoda 🏠 Justic Street),在陡峭的山上,寺庙顶端高耸入云。在华人的传统节日,这里总是人头攒动。

邮政博物馆(Postal Museum)(折页 b2)

除了来自世界各地的邮票外,这里还展示了电话以及其他通信工具。🏠 Quay Street, am Hafen im Post Office ⏰ 周一至周五9:30—16:30,周六10:00—16:00 ¥ 门票150卢比

政府大楼(Government House)(折页 c3)

法国殖民者在建造自己的办公大楼时,并没有节省人力物料,可谓是富丽堂皇。1729—1807年之间,还不断建造新的建筑和楼层。这是岛上最能代表法国统治时代的建筑了。更加讽刺的是,庭院中的威廉·史蒂文森爵士(Sir William Stevenson)和英国维多利亚女王(Queen Victoria)的雕像,他们的目光仿佛越过围栏,看向200米远的法国总督拉波多内雕像。政府大楼位于爱丁堡公爵路(Duke of Edinburgh Avenue)和伊丽莎白女王路(Queen Elizabeth Avenue)的尽头,是毛里求斯国会的议场,游客禁止参观。

朱玛清真寺仿佛是东方童话里的城堡

毛里求斯

中央市场里出售的蔬菜水果种类丰富多样

市歌剧院（Municipal Theatre）（折页c3-4）

歌剧院建于19世纪20年代，外表富丽堂皇，是南半球第一家歌剧院。19世纪，许多著名的演员和音乐家曾在这里演出。可如今这里已经不再进行演出了，而且政府是否以及何时拨款修缮这里也还不清楚。但是，这里仍然展现着昔日辉煌的历史。🏠 Jules Koenig Street

风车 ●🌿（折页b2）

水门区的风车建于1736年，是为了使当时的船坞工人可以吃上面粉而建造的。如今，这里已成为一家小小的博物馆，里面展示了该地区的历史。从小窗户向外看去，可以看到港口的一部分。🏠邮局对面 🕐周一至周五10:00—12:00和13:00-15:00 ¥门票免费

中央市场（Central Market）★（折页c2）

毛里求斯的文化多样性和当地人的日常生活在中央市场展现得淋漓尽致，这里满是异域风情的商品。4间大厅中的3间出售日用品，货物堆积如山，十分混乱，一不小心还会将商品碰倒在地上。在鱼市上，除了出售食用鱼，还有五彩缤纷的观赏鱼。一扇小门通向专门的猪肉区。在第四间大厅里，出售纺织品、皮革、艺术手工品和纪念品。

中央市场建于1840年左右，但由于饱受大火的摧残，最后一次修复开门营业是在1981年。2004年进行了

路易港

次整顿。即便如此,修缮后的墙面、石板路小巷和华丽的入口仍能给人一种复古的感觉。每日大约会有4万人来到这里。🏠 在邮政博物馆与Queen Street之间 🕐 周一至周六6:00—18:00,周日6:00—12:00大部分商铺8:00开门

美食

拉特利尔咖啡(Le Café de l'atelier)(折页b5)

您可以在这家咖啡厅里享用一顿简餐,还可以开动您的创造力,将您的艺术天分发挥出来。桌子上摆满了彩笔,您可以用它们画画。夹层中还有一家小图书馆。🏠 12, Rue St.Louis 🕐 周一至周五9:00—16:30 ¥ €€ 📞 2 08 28 16

科当水门(Le Caudan Waterfront)★(折页a2)

在这个大型购物中心里,除了商店还有许多快餐店、酒吧、咖啡厅和一些特色餐厅。美食广场里供应印度菜、中餐、烧烤,还可以享受阳台的日落美景。如果还想吃一些甜品:西米斯(Simis)的酸奶冰激凌有许多不同的口味。餐厅每天从中午开始营业至深夜。@ www.caudan.com

洛咖啡(Ilot Café)(折页a2-3)

科当水门的这家咖啡厅供应沙拉、帕尼尼和"每日一菜"。🕐 周一至周六9:00—18:00,周五、周六有时营业至21:00 ¥ €€ 📞 2 12 67 02

那玛瑟德(Namaste)

这家印度餐厅在科当水门,是首都为数不多的有情调的餐厅,这里的印度菜肴非常正宗,有各式烧烤、黄油鸡等。最好能选一个露台座位,周六晚上会更热闹。🏠 科当水门 🕐 11:30—15:00,18:30—22:30 ¥ €€

来民餐厅(Restaurant Lai Min)(折页d2)

岛上最古老也是最出名的一家中餐厅,这里的食物种类相当丰富。🏠 58, Royal Road, 唐人街 🕐 每日 ¥ €€ 📞 2 42 00 42 @ www.restaurantlaimin.com

秘密花园(Secret Garden)(折页d5)

位于路易港中心的一个庭院里,这里供应可口的早餐、沙拉、烧烤——都是毛里求斯风味的。🏠 19b, Poudrière Street 🕐 周一至周五7:30—16:00 ¥ € 📞 2 12 82 96

省钱有道

午饭时刻,这里会为商人们提供一些小零食和简餐。在市场入口处,人们可以找到美味可口、价格实惠的小吃。

市场后面的●科尔德里街(折页c2-3)上有数不尽的大大小小的布料店。这里选择多样:棉料、麻料、丝绸和带有珍珠和金属亮片的料子价格都很便宜。店主十分乐意展示他们的布料。🕐 周一至周五9:30—17:00。

毛里求斯

购物

购物中心
　　港口边矗立着两座购物中心——★科当水门（折页a2）和路易港水门（折页b2），里面有许多商铺、一家赌场、一家影院、一家酒店以及许多餐厅、酒吧和咖啡厅。所有领先的毛里求斯时装品牌在这里都设有精品店。这里还有一家手工市场，里面汇集了来自全毛里求斯的产品。购物中心里有塔、挑楼，还有凉亭，不仅适合闲逛，还是休憩的好去处。周末的时候，会有●乐队来到科当水门进行露天表演。19:00—21:00之间，会有各种各样的表演。音乐表演者周围一般会迅速聚集大量的观众。🕐周一至周五9:30—17:30，周六9:30—19:00，周日9:30—12:00

金手指（Gold Finger）（折页a2）
　　您想要什么材质什么款式的首饰？或者您想要当地镶嵌自己打造一款首饰？那么您就要先找到一块您自己喜爱的宝石，然后交给金手指的设计师，他会帮您设计和制造。再过72小时之后，您就可以拿到这世界上独一无二的首饰了。🏠科当水门 🕐周一至周六9:30—17:30 📞2 12 72 43

手艺市场（Craft Market）
　　这里少了中央市场的热闹劲儿，却是一个可以安安静静挑选纪念品的好地方，这里的纪念品质量水准较高，有各种玻璃工艺品、手工艺品和当地特产的精油。🏠科当水门 🕐9:30—17:30 📞2 10 01 39

夜生活

　　在商店关门后，路易港一片寂静——除了科当水门。

路易港赌场（Port Louis Casino）
　　这家城市赌场是午夜时分路易港最热闹的地方。整个场馆外形像海盗船，船首则矗立着一尊威武的狮子像。🏠科当水门 🕐周一至周六20:00至次日4:00，周日14:00至次日4:00 📞2 10 42 03 @ www.casinosofmauritius.mu

电影院
　　路易港的中心有一家老电影院，里面主要展映印度电影，并受到了当地群众的喜爱：电影城（Cinema City）（折页d5）🏠Poudrière Street 🕐10:30、13:30、20:30 💴门票175卢比）。这里的屏幕巨大，将宝莱坞风格的情节电影展现得淋漓尽致。除此之外，这里的设施都很老旧，不值得一提。星星电影院（Star Cinema）（折页a2）（💴门票220卢比）有3个放映厅，环境就相对舒适了。这里播放热门的国际电影，有英语或者法语字幕或配音。在星级会员厅里（3D电影门票💴1 270卢比，包含饮料和爆米花）十分奢华：观影者坐在带靠枕的沙发里，腿也可以舒舒地平放。在入场前可以取饮品，也可以按菜单点菜（💴€€~€€€），在放映的时候享用。

石上廊吧（On the Rocks Lounge Bar）
　　夜晚伴着一杯热带风情鸡尾酒和柔和的音乐开始。周五17:00—19:00是"欢乐时光"。🏠im Le Suffre

路易港

奇幻的寺庙式购物中心,包含影院和赌场:科当水门

Hotel ⏰ 每日11:30—24:00,周五至:00 @ www.ontherocks.restaurant.mu

住宿

拉波多内水门酒店(Labourdonnais Waterfront Hotel)(折页a2)

这家海港旁边的商务酒店就在科当购物中心里,房间12 000卢比起。105间客房。🏠 科当水门 ¥ €€€ 📞 2 2 40 00 @ www.labourdonnais.com

蒙乔伊(Mon Choix) 🌿(折页b6)

这家酒店位于路易港东南部一座漂亮的私人公园里,公园里有小河和漫步道,适合休闲和养生。4间客房。🏠 Senneville Upper Vallée des Prêtres ¥ € 📞 52 54 11 26 @ www.ecomauritius.com

圣乔治酒店(Le Saint Georges Hotel)(折页b4)

这家酒店位于后现代风格的3A塔中心,带泳池。82间客房。🏠 19, St Georges Street ¥ €€ 📞 2 11 25 81 @ www.saintgeorgeshotel-mu.com

沙芬玛丽娜酒店(Le Suffren Hotel & Marina)

现代化的星级酒店,共102间客房,附近提供多种养生项目,您也可以在健身房锻炼身体。自带的水疗馆提供按摩和水疗。在餐厅里,能品尝到美味的地中海风情餐和毛里求斯本地餐。稍晚时候,您还可以去石上廊

毛里求斯

吧里休闲。🏠 科当水门 ¥ €€€ 📞 202 49 00 @ www.lesuffrenhotel.com

问询中心

毛里求斯旅游推广局（Mauritius Tourism Promotion Authority）（折页b4）

🏠 St Louis Street，靠近 Victoria House 📞 2 10 15 45 @ www.tourism-mauritius.mu

周边景点

圣十字架教堂（Saint Cross Chapel）（折页D6）

来自法国的拉瓦尔神父（Père Laval）于1841年来到毛里求斯为黑人谋福利，并且致力于救助麻风病人。他在世的时候人们就十分敬佩他；他于1864年9月9日去世，直到现在还有许多人去他的坟墓缅怀他。1979年，教皇约翰·保罗二世为他宣福。每年在他忌日的那天晚上，许多追随者会来到这座小教堂。这里还有关于"黑人的耶稣使徒"展览，相关物品还会被做成纪念品出售。

您最好从路易港北公交站乘坐去往拉瓦尔神父墓方向的公交车（15分钟车程）去往圣十字架教堂，因为自己开车的话根本无法到达。🏠 在路易港市中心以东约4千米处 🕐 教堂开放每日6:30—18:00，礼拜时间：周日6:00、8:00和9:30，展览时间：周一至周六8:30—12:00和13:00—16:45，周日10:00—12:00和13:00—16:15 ¥ 门票免费

尤里卡（Eureka）★（折页D7）

这间殖民时期的别墅位于路易港以南6千米的一个带有瀑布的大公园里，是克里奥尔建筑的典型作品。它建于1836年，于1856年进行了扩建，直到现在仍然保存得十分完整。别墅里面的家具来自19世纪，一层带有8个房间以及一个卫生间，展示了当时奢华的生活。一个房间里展示着路易港的老照片，在建筑上层可以看到画廊和纪念品商店。

到了中午，游客们可以在游廊上

登上四周群山

路易港四周的山脉（折页D6）可谓景色壮观。大部分的山峰都可以轻易地步行走到顶峰，而另一小部分山峰需要穿戴专业的登山服并带上登山用具攀登：823米高的皮埃特·博斯山（Pieter Both）顶有一块球形的石头。据说，只要这块石头仍然矗立在山顶，毛里求斯就能一直平安。

攀登勒普斯山（812米高）更为享受。但是由于海拔较高，落差很大，您需要空出半天时间来攀登。登山路始于赛马场旁边的圣安妮教堂，道路路线清晰，不易迷路。

306米高的 🔽 祭司峰（Priest' Peak）也适合漫步。漫步道从军队路（Route Militaire）和去往庞普勒穆斯路的交叉口开始。全程需要约1小时。

路易港

卡莱森寺色彩鲜艳

吃到美味的克里奥尔菜（🕐 11:00—5:00，需要预订 ¥约800卢比）。

🏠 莫卡 🕐 周一至周六9:00—17:00，周日9:00—15:00 ¥别墅花园和瀑布门票共300卢比 📞 4 33 84 7 @ www.maisoneureka.com

卡莱森寺（Kalaisson Temple）★
（折页D6）

这座寺庙位于阿伯克龙比，占地面积大、颜色鲜艳，距离圣十字架教堂不远，为您展示了印度教众神的世界。主厅入口处，有一座刻有人物塑像的庙塔，大厅里超过真人大小的众神塑像有的有许多条手臂，有的有许多张脸，令游客们叹为观止。在参观之前，您必须在门口脱下鞋子，因为寺庙只允许赤足参观。寺庙内允许拍照。当人们走在去往庞普勒穆斯的路上，通过阿伯克龙比一路向北，右边会经过一座米黄色的寺庙，距离它右边几百米远的地方便是颜色鲜艳的卡莱森寺。🏠 在路易港东北方向3千米处 🕐 每日8:00—18:00 ¥门票免费

东 部

  岛上最东端称作卡特可可角（Pointe Quatre Cocos），当地人认为这里是世界的尽头。当人们想要表达一个人与众不同时，就会说"他来自卡特可可（Quatre Cocos）"。

  这是一片比较贫穷的地区，这里的人们主要靠捕鱼以及农业为生，尤其是甘蔗种植。这里种甘蔗的历史可以追溯到荷兰人统治时期。第一批来到这里的人定居在了地势平坦的地方，并且很早便开始开垦土地。如今，岛上最大的蔗糖加工厂还开设在这里。这里的居民过着无忧无虑的生活，妇女们仍然在溪边洗衣服，聊天，然后将衣服挂在树上晾干。这里的人们十分传统。西海岸的着装风格已经欧化，而这里的妇女们还身穿纱丽。和其他地区相比，这里很容易给人们留下一种十分贫穷的印象。

  但是东部也吸引着越来越多的游客。沙滩边上设有豪华酒店，周末的时候，当地人会来到这里游玩，休闲放松、野餐或冲浪。微风拂过陆地和海洋，这里也是风帆冲浪和帆船爱好者的天堂。班布斯山（Montagne Bambous）横穿过整个东部，一直延伸至海边。道路也沿着曲曲折折的海岸线蜿蜒延伸。在最南部还设有冲场，因为毛里求斯的暗礁带在那里破碎了。

上图：鹿岛

留给自己的世界：这片地区不像岛上的其他地区那样繁华，海滩上几乎只有当地人的身影。

贝尔马尔

（Belle Mare）（折页 H6）贝尔马尔以全岛闻名的白沙滩和波光粼粼的蔚蓝海面而出名。

乡村公路两边有许多丝状树荫遮蔽的小路，这些小路都可以到达浴场码头。周末的时候，海滩上人头攒动，尤其是在帕尔玛海滩（Palmar Beach）。

美食

季节餐吧（Seasons Restaurant & Bar）

餐吧位于沙滩旁的路边，供应中餐、印度菜和克里奥尔菜，一些只有

毛里求斯

湿婆神庙外观显眼

在毛里求斯才可以吃到的菜。每日 11:00—21:00 €€ 4 15 13 50

住宿

贝尔马尔海滩酒店（Belle Mare Plage）

豪华酒店位于海滩旁边，带有管家服务。235间客房和套间分散在热带花园中许多建筑内，除此之外还有21套别墅。当地锦囊▶酒店的2个高尔夫球场都是18洞、72杆的高等级球场，对于大部分人来说是一项挑战。Coastal Road €€€ 4 02 26 00 www.bellemareplagehotel.com

毛里求斯长滩（Long Beach Mauritius）

这家酒店叫"长滩"，自然少不了他们引以为傲的绵延无尽的沙滩，酒店内都是别墅，淡雅的色调与白色的沙滩相互呼应，酒店有丰富的水上运动，也有网球场、高尔夫球场，也可以租自行车到处去闲逛。餐饮方面，也有多种选择：自助餐、中餐、日料、西餐应有尽有。Coastal Road €€€ 4 01 19 19 @ www.longbeachmauritius.com

埃默罗德海姿酒店（Emeraude Beach Attitude Hotel）

简单而又精致的房子，与海滩只隔着一条小马路，共61个房间，带有2个泳池。适合潜水者和风筝冲浪者入住。Royal Road €€ 4 01 1 00 @ short.travel/mau5

当地锦囊▶欧坦泰克山（Otentic Mountain）

班布斯山山谷里的木屋和帐篷，共6间，每间最多可以住4个人。附近种植了一些有机蔬菜和草药，这里的饭菜也都是素食。这里有太阳能装置和泉水，可以自给自足。这里没有电话信号，也没有网络，来这里住宿是与世隔绝的好机会！€€ 59 41 4

东部

弗拉克中心和弗拉克站

（Centre de Flacq & Poste de Flacq）（折页 G6）"弗拉克"来自荷兰语"Vlak"，意思是地势平坦的地方。有两个地方叫弗拉克：一个是弗拉克中心小镇，另一个是东北方向5千米的弗拉克站。

这里有印度教的湿婆神庙（Sagar Shir Mandir），仅它独特的地理位置就值得一看。弗拉克中心是一座典型的毛里求斯小城镇，这里主要居住着印度裔。这里的主路叫作市场路（Market Road）：道路两边都是商店和小摊。周日的时候，这里的人流最多，因为这里有集市。集市出售衣服、布料、水果和蔬菜。7—11月可以预约参观制糖厂（☎ 4 02 90 0）。

美食

曼努埃尔（Chez Manuel）

隐蔽的中餐厅。这里的特色菜有糖醋鱼和红烧肉。🏠 Royal Road，弗拉克中心以南8千米 🕐 周一至周六 ¥ €€ ☎ 4 18 35 99

住宿

避暑别墅（La Maison d'été）

漂亮又僻静的小别墅，带有餐厅和两个泳池，房间分散在不同的平房里。16间客房。🏠 弗拉克站以北10千米 ¥ €€ ☎ 4 10 50 39 @ www.lamaisondete.com

莫里斯王子（Le Prince Maurice）

岛上最出色的酒店之一。颜色明朗，材料环保，与自然融为一体。这里十分豪华，浴室和房间一样大。许多套房带有自己独立的泳池。还有漂亮的亭子和茅草屋。有3家不错的餐厅，可按菜单点菜，2个酒吧，一座图书馆和一个健身房。顾客可以去贝尔马尔酒店的高尔夫球场上打高尔夫。89间套房。🏠 Choisy Road，弗拉克站 ¥ €€€ ☎ 4 13 91 30 @ www.princemaurice.constancehotels.com

圣基兰酒店（Le Saint Geran）

这家奢华酒店房间很宽敞，基本每间房间都可以看到一望无际的海景。酒店内有丰富的水上运动，更有儿童俱乐部，而且还有管家服务，酒店内的餐厅——印度阁楼（Indian Pavilion）也有很高的水准。🏠 弗拉克站 ¥ €€€ ☎ 4 01 16 88 @ www.oneandonlyresorts.com

必游景点

★ 从贝莱尔出发穿越山地
白山和费昂斯山之间是美好的热带世界。→ P.64

★ 费尔奈谷
漫步过程中发现自然，然后在山谷的餐厅内享用美食。→ P.68

★ 鹿岛
白沙滩和玻璃般明亮的水面；毛里求斯最漂亮的沙滩就在这座小岛上。→ P.69

毛里求斯

周边景点

贝莱尔（Bel Air）（折页 G7）

贝莱尔位于弗拉克中心以南8千米，是一座适合作为旅行起点的小城。之后可以★越过☀白山（Montagne Blanche）（532米）和费昂斯山（Montagne Fayence）（433米）直到康德马斯克（Camp de Masque）（折页 F7）。穿过该地区的道路需要有些耐心：自行车、摩托车和行人——所有都混在一起。再之后的旅程便有大自然相伴了：香蕉树、木槿、桉树和各种颜色的鲜花。

马埃堡

（Mahébourg）（折页 F-G10）
马埃堡（近2万人口）曾经是岛上第二重要的城市。如今，这座曾经繁华的港口已经有些萧条了。

19世纪，疟疾爆发，幸存者逃到了地势较高的地方并在此扎根。汽车总站是这座城市的中心。从汽车站出发，很快便可以到达购物一条街火烈鸟街（Rue Flamant），也可以到达海湾旁边的停车场。1810年，英、法争夺毛里求斯的一场重要的海战就是在这里爆发的。

景点

天使圣母院（Notre Dame des Anges）

始建于1849年，是新哥特风格建筑，顶上刻有20个独立的天使。在奶油色的☀塔上可以看到海港美丽的景色。🏠 Rue Souffleur

当地精选 ▶ 国家历史博物馆（National History Museum）

位于18世纪的豪华庄园内。展览主要展示了法国和英国当年在这里的海战历史。值得一看的是1810年战役中的"圣杰拉"号军舰的模型，以及1864—1926年贯通整个岛屿的火车的模型。这里还摆放着殖民时期的家具以及沉船遗物等。手工匠在花园里开了自己的作坊。🏠 Royal Road 🕐 周一、周三至周六9:00—16:00，周日9:00—12:00 ¥ 门票免费

公园

林荫大道上有许多野餐点，还有一排纪念碑。园内的一座方尖碑纪念了1874年海难的遇难者，另外一座更大的是用来纪念在1810年帕斯岛（Île de la Passe）战役中牺牲的英国和法国士兵。另外，还有一座比较显眼的高约6米的雕像是印度瑜伽大师斯瓦米·悉瓦南达（Swami Sivananda）。🏠 在马埃堡海湾旁边

省钱有道

东部十分适合骑行游玩。海滨小路可以到达港口和美丽的海滩。大部分酒店都提供免费的自行车，一些较高级的酒店还提供向导。

找到5位同伴，就能拼团一起在蓝湾（P.67）探寻奇妙的水下世界。团体票为700卢比，比个人票便宜500卢比。

东部

理想的潜水和冲浪区域：马埃堡的蓝湾

利凡亚尔新旦拉门寺（Shri Vina-aour Seedalamen）

建于1856年，紧邻主路。该建筑群由大大小小的泰米尔寺庙组成。 每日6:00—12:00和15:30—18:00。

美食

色竹子（Blue Bamboo）

位于通往蓝湾（Blue Bay）的街，漂亮的克里奥尔花园餐厅，菜种类丰富。 Pointe d'Esny 每 ¥ €~€€ 6 31 58 01

特里克（Chez Patrick）

朴素的餐厅，供应可口的中餐克里奥尔菜。 博物馆后约200米 每日 ¥ €~€€ 6 31 92 98

尔丹博瓦隆酒店餐厅（Le Jardin de eau Vallon）

一家毛里求斯特色餐厅，位于一片甘蔗地旁边的殖民时期别墅里。 在从机场方向到镇子路口右方 每日 ¥ €€ 6 31 28 05

红色手表（La Vieille Rouge）

因其鱼肉和海鲜而备受欢迎的餐厅。可以提前询问打鱼的日期！ Colony Street和Souffleur Street交叉路口 每日 ¥ € 6 31 39 80

购物

劳尔特饼干厂（Biscuiterie Rault）

1870年以来，这家饼干厂一直是家族企业。四代传承，这里仍然使用古老的配方、古老的机器制作无麸麸的小饼干。如今，这里的口味更加多样，有香草味、可可味或者巧克力味。如此传统的点心应该搭配一壶茶享用。 Ville Noire 周一至周五9:00—15:00

毛里求斯

雅尔丹博瓦隆酒店的平房里充满了殖民时代风格

集市

每周一都会有集市。集市主要是针对本地人开设的；对于度假者来说，去集市上逛一逛也是一件十分有意思的事。集市里出售本地生产的纺织品，主要是T恤衫和夏装。市场中心出售蔬菜和水果，旁边还出售调料。各种新鲜出炉的本地小吃冒着热气，有印度薄饼、油炸扁豆、辣椒丸子等。周一之外的日子摊位少。🏠 Rue des Hollandais ⓒ 8:00—17:00

休闲/运动

马埃堡最漂亮的海滩在蓝湾（P.67），是冲浪爱好者的天堂。

夜生活

元老赌场（Senator ⓒ 每日10:00至次日4:00 🏠 Rue Labourdonnais @ www.senatorclubmu.com 里有赌博机和游戏桌，可供娱乐。

住宿

渔夫乡间别墅酒店（La Case d Pêcheur）

适合独自旅行者：16个房间里设有克里奥尔家具，房屋为天然石建造，带有草棚，窗户是可开合的位于环礁湖中央，周围是蛤蜊养场、螃蟹养殖场以及红杉树林。餐里有可口的饭菜提供。🏠 马埃堡以18千米 ¥ €€ ☎ 6 34 56 75 @ sho travel/mau4

拉阿先达（La Hacienda）

酒店位于狮子山（Lion Mou tain）山脊，费尔奈谷附近的绿野中花园内的4间小屋面朝大海以及东海岸。酒店的房间带有1间厨房，1

东部

卧室以及1个阳台。🏠 Vieux Grand
ort ¥ €~€€ ☎ 2 63 09 14 @ www.
haciendamauritius.com

维尔丹博瓦隆酒店（Le Jardin de Beau Vallon）

东海岸小而精致的酒店。酒店装修精致，带有一座美丽的花园，厨房也很干净。5间平房，1座凉亭。在从机场过来的方向道路到镇子路口右方。¥ €€ ☎ 6 31 28 05 @ www.jardindebeauvallon.com

天堂海滩酒店（Paradise Beach）

紧邻沙滩，带有8间公寓和2间顶层套房，套房带有阳台和露台。房间装修豪华。在热带小花园里有一处游泳池。¥ €€~€€€ ☎ 4 03 53 @ www.paradisebeach.mu

香德拉尼（Shandrani）

一站式豪华酒店，共327个房间，设有5家餐厅、一处水疗馆。这里有许多活动项目，如潜水和高尔夫。酒店位于3处海滩之间，乘船不便可到达蓝湾自然公园的水下世界。🏠 Blue Bay ¥ €€€ ☎ 6 03 41 @ www.shandrani-resort.com

拉贡别墅（Villas du Lagon）

酒店紧邻德斯尼角海滩（Pointe d'Esny），是一栋别墅，食宿自理。清洁打扫、照顾儿童、料理家务都需额外收费。一些活动如单人皮划艇和玻璃船可提前预订。众多餐厅，步行可达。¥ €€~€€€ ☎ 54 99 31 @ www.villadulagon.jimdo.com

周边景点

蓝湾（Blue Bay）（折页G10）

半岛尽头带浴场的海湾。当地人在周末和节假日里经常光顾这里。这里可以潜水、水底漫步、乘坐玻璃底船参观海洋公园或珊瑚礁。可到现场预订这些项目。🏠 马埃堡以南5千米

拉格沃夫山庄（Domaine de Lagrave）（折页E9）

岛屿中部腹地附近的村庄，几乎被前面大片的甘蔗林所掩盖。赤鹿、猩猩和多种鸟类居住在丛林中，小溪从山林间穿过，瀑布哗哗响。这里提供3条徒步线路，大约分别耗时1.5、3、4.5小时（¥ 250卢比/人）。饿了可以到巴纳尼（Bananes）坐在林中的餐厅达盖（Le Daguet 🏠 Eau Bleue ⏰ 每日11:00—15:00 ¥ €€）里，享受源自本地的美食。⏰ 每日9:00—16:00 ☎ 57 32 81 86 @ www.domainedelagrave.mu

乘船去往东南大河瀑布（折页E5）

离博尚（Beau Champ）不远的地方是东南大河边鲜为人知的渔船码头。您可以穿过博尚去往东南大河，然后在鱼市邮局处拐弯，最终到达渔船码头。渔夫们可以带游客去往附近美丽的瀑布。一路乘船，您可以看到岸边茂密的植被、沙滩边的村庄。瀑布水力强劲。🏠 马埃堡以北30千米 ¥ 600卢比/20分钟/最多6人一条船，在行程开始前可以讲价

毛里求斯

当地精选 ▶ 白鹭岛（Île aux Aigrettes）（折页 G10）

毛里求斯野生动植物基金会（Mauritian Wildlife Foundation @ www.mauritian-wildlife.org）负责管理这个保护区，它为人们展示了原始的沙漠森林景观。25英亩的白鹭岛成了许多濒临灭绝的动植物的天堂。在游客中心里，可以看到人类肆意开垦和毁坏的信息；每日都有导游带领游客参观这里（时长1.5小时 ¥包含车费800卢比）。您可以在当地代理机构或者基金会预订。☏ 6 31 23 96

狮子山（Lion Mountain）（折页 G9）

当人们站在南方望过去的时候，这座山真的像一只卧着的狮子。建议有经验的登山者从旧港（Vieux Grand Port）村开始，征服这座480米高的山峰，尽管道路艰险，当人们在半路望向海面，海水由蓝色变成宝石色，这样的景色使得这次旅程毕生难忘。🏠 马埃堡以北8千米

费尔奈谷（Ferney Valley）★（折页 F9）

这片自然保护区位于旧港附近。从机场出来后，走在去往马埃堡的路上，在第一处环岛左转。道路通向当时的费尔奈制糖厂。10:00和14:00的时候，从制糖厂出发，有导览游（¥720卢比）。旅程全程3千米，约90分钟，穿过树林，伴着小溪，可以看到许多珍贵植物。这里栖息着毛里求斯红隼、粉鸽和其他一些热带鸟，途中还可以看到海滩景色。从游客中心，每25~30分钟会发出一班去往费尔奈谷的摆渡车。在10:00—15:00期间可以自由行（¥500卢比），在路上会经常碰上工作人员。在公园内

泳池边的躺椅、鹿岛的海水让您觉得仿佛置身于热带天堂

东部

打电话，这也使得游客们可以聚精会神，观察那些不易被发现的鸟。

行程过后，可以去往 🛸费尔奈小屋（Ferney Lodge）🕐 每日 📞 6 4 04 40 💴 €€），这里加工鹿肉以及淡水鱼，也供应素食。🕐 每日 :00—17:00 📞 7 29 10 80 @ www.alleedeferney.com

旧港（Vieux Grand Port）（折页 9）

这里曾是岛上最重要的海港。如今，残存的防御塔和废墟见证了这里的历史。弗雷德里克·亨里克博物馆（Frederik Henrik Museum 🏠 Royal Road 🕐 周一、周二和周四至周六 :00—16:00 💴 门票免费）展示了这里的历史，这里展出了版画和出土文物。荷兰移民的墓地（🏠 Cemetery Road）也值得一看。🏠 马埃堡以北8千米

毛舵道斯

（Trou d'eau Douce）（折页 7）托舵道斯是一处小渔村，一处漂亮的海湾边有一处小小的海港。

这里一直有开往对面鹿岛的小船和帆船。这里还有一座用火山岩建造的教堂。村里的男人们聚集在迷你的维多利亚广场（Victoria Square）上，消遣娱乐。

美食

艺术咖啡厅（Le Café des Arts）

餐厅中有一个来自1840年的磨机，同时这家餐厅也是一家画廊。菜单上的菜会被放在充满艺术感的盘子里呈上来。🏠 Victoria 1840, Old Sugar Mill 🕐 每日，需要预订 💴 €€€ 📞 4 80 02 20

住宿

香格里拉托斯洛克水疗度假酒店（Shangri-la's Le Touessrok Resort & Spa）

地中海风情的度假村。从这里可以乘坐小船去往酒店自带的"鲁滨孙小岛"以及鹿岛。附带一家酒吧、两家餐厅，餐厅供应小吃和毛里求斯菜。鹿岛也欢迎非酒店顾客前来参观。200间客房。💴 €€ 📞 4 02 74 00 @ www.shangri-la.com/mauritius

热带态度酒店（Tropical Attitude）

热情友好的全包式小酒店，适合家庭居住，带1个泳池。这里的克里奥尔风格建筑带您走进岛上热带自然天堂。56间客房。🏠 Coastal Road 💴 €€ 📞 4 80 13 00 @ www.tropical-hotel-mauritius.com

周边景点

鹿岛（Île aux Cerfs）★🌴（折页 H7-8）

毛里求斯最热门的浴场小岛，因其白沙滩而出名。岛上紧邻码头的地方归香格里拉托斯洛克水疗度假酒店管理。这里提供多种水上运动项目，还有一个公共的高尔夫球场。● 这里景色优美，令人流连忘返。9:00—17:00 有到达鹿岛的船只，全程约15分钟。🏠 在托舵道斯东南方向 💴 往返700卢比

西南部

　　这里是天然的、原始的，是全岛唯一能展现毛里求斯在殖民者改造之前的自然风貌的地区。

　　这里有陡峭的悬崖，深邃的峡谷，雷鸣般的瀑布和难以穿越的丛林。毛里求斯的降水主要集中在西南部。这里还坐落着毛里求斯最高的山——小黑河峰（Black River Peak）。植物在这个原生态的区域肆无忌惮地繁殖。毛里求斯唯一的国家公园黑河谷国家公园（Black River Gorges National Park）也是动物们的避难所，一些珍稀的毛里求斯粉鸽和红隼在此栖息。

　　尽管这里很原始，但早在19世纪就开始有人在这里定居：废除奴隶制之后，黑人离开了白人统治的世界，建立了自己的村庄。小屋像是由浮木搭建的，只有小块土地可以种植水果和蔬菜，也可以用来养鸡、羊或奶牛。

　　渔村坐落于山海之间的狭窄地带。在没有珊瑚礁的南部，汹涌的海浪拍打着海滩，难以预测的海浪使游泳变得危险，所以这里并没有海滨酒店。在西部的海滨您会看到平静的

上图：七色土

珍稀的动植物，幽深的峡谷和崎岖的山脉……就像殖民者到来之前一样原始。

，白色的沙滩，木麻黄树林和毛里求斯最大的深海捕鱼港口。

夏马尔

（Chamarel）（折页 B10）在每年8月15日的圣母升天节，夏马尔会成为名副其实的露天市场。

信徒络绎不绝地来到圣安妮教堂（St Anne Church）朝圣，商贩和大排档也会随之而来。村庄周围还有咖啡和甘蔗的种植园。

景点

夏马尔瀑布（Chamarel Waterfall）
小村庄旁有一个90米高的双子瀑

毛里求斯

布,是由开普河(Rivière du Cap)倾泻形成的。在观景台上,您可以欣赏到引人入胜的景色。🏠 在夏马尔以南约3千米,公路西侧

七色土(Terres de 7 Couleurs)

夏马尔以其多彩的土地而闻名。连绵起伏小山丘延伸约1公顷,土壤有7种颜色,基色是红褐色,在一天中的不同时间,地层还会呈现出橙黄色、绿色、蓝色甚至是紫色。至今对此现象还没有明确的科学解释,据说是源于火山岩和矿物氧化。🏠 位于夏马尔西南方向3千米外 🕐 公园区每日7:30—17:30 ¥ 门票225卢比

美食

圣马洛餐厅(L'Alchimiste)★ 🌱

采用新鲜食材烹制的美味菜肴——菜单上有自产蔬菜、特色鹿肉和棕榈芯等异国风味。晚餐后,客人可以在餐厅内的酿酒厂品尝鸡尾酒,或在露台上喝一杯茶,品尝一下薄饼和糕点。🏠 Royal Road Rhumerie 🕐 周一至周六,到16:00 ¥ €€€ 📞 4 83 49 80

夏马尔餐厅(Le Chamarel)● 🌱

餐厅有一条悬空的观景廊道,可以看到美丽的景色,提供精美的毛里求斯美食。餐后会提供选用当地种植的咖啡豆烹煮的咖啡。🏠 La Crête 🕐 12:00-15:00 ¥ €€~€€€ 📞 4 83 44 21

住宿

拉卡兹夏马尔酒店(Lakaz Chamarel)

坐落在群山环绕的热带花园中。有20间木屋套房,每间都有自己的泳池。其余7间小木屋共享一个较大的泳池。🏠 Piton Canot ¥ €€€ 📞 4 83 4 40 @ www.lakazchamarel.com

黑河谷国家公园的猴

西南部

周边景点

黑河谷国家公园（Black River Gorges National Park）★（折页 B-C 9-10）

这个66平方千米的国家公园融合了几个自然保护区，大约占全岛面积的1/50。公园从岛上最高的828米的小黑河峰到萨凡纳山脉（Savanne Mountains）陡坡上的一大片茂密雨林，景观绵延不绝。公园里有150种植物，很多都只生长在毛里求斯，还有9种濒临灭绝的本土鸟类。

特别推荐参观那条穿过麦卡布森林（Macchabée Forest）和黑河谷（Black River Gorges）的路。黑河谷是在"黑河"深处的峡谷。从小黑河峰的山顶可以眺望全岛景。在国家公园的观景点附近有一条 人行道 通往山区。注意：下雨时道路会变得很滑。开始的路很容易走，后面会越来越吃力，尤其是最后阶段有几个很吃力的路段。最后20米到达山顶，几乎是垂直爬上去的。但是景色是值得的：在晴朗的天气里，甚至可以在地平线上看到留尼汪岛。如果独自在山中旅行感到不安全的话，您可以在介绍和预约毛里求斯徒步旅行向导的网站"雁行"（Yanature ☎ 57 85 61 7 @ www.yanature.com）上面找一个可靠的向导。

位于国家公园中心的是海拔549米的贫瘠的香槟平原（Plaine Champagne）。一条狭窄的道路蜿蜒穿过该地区，通往峡谷和瀑布的观景点——沿途最美的风景大概就是普特林（Pétrin）的黑河瀑布（Black River Waterfall）。行驶在从普特林出发经过舍曼格勒涅（Chemin Grenier）到达加莱河（Rivière des Galets）的大约16千米长的蜿蜒道路会经过23色谷（23 Colours Valley）（P.79），穿过高大葱郁的森林、菠萝种植园和菜地，在通往南部的主路上，沿着海岸线行驶可以看到南海岸的景色。公园西边入口游客中心（⏰ 周一至周五7:00—17:00，周六、周日9:00—17:00 ☎ 2 58 00 57）提供有关动植物的资讯。由于这里下午经常下雨，您应该早上过去参观。

圣水湖（Grand Bassin）●（折页 C10）

尽管名字听起来很宏大，其实只是一个小湖。每年春天的湿婆神节（Maha Shivaratree Fest）（P.112），成千上万的印度教徒都会来到这个圣地朝圣。传说湿婆神（Shiva）和他的妻子帕尔瓦蒂（Parvati）乘着一艘会飞的船环游世界时，在这里停下，从一个双耳瓶中滴下几滴恒河的圣水，圣水落入这

必游景点

★**圣马洛餐厅**
异国风味，还有自制的精美朗姆酒。→ P.72

★**黑河谷国家公园**
在未受到破坏的大自然中，珍稀鸟类在河谷和高原上繁衍生息。→ P.73

★**迪纳罗缤巨浪酒店**
提供最好的运动和疗养设施，环境很好。→ P.75

★**通往苏亚克的海滨路**
毛里求斯最美丽的海岸公路之旅。→ P.76

毛里求斯

里的火山口,据说圣水湖就由此产生了。岸边设有小的寺庙和祭坛,一眼就可以看到35米高的湿婆神像和杜嘉女神像。🏠 夏马尔以东20千米 🕕 6:00—18:00 💰 门票免费

黑河区(Grande Rivière Noire)(折页B9)

从夏马尔沿着一条🌿全景公路开车20分钟(12千米)到达黑河区。这里大多数是克里奥尔人,是毛里求斯最穷的地方,但这似乎并没有影响当地人的生活乐趣。这里的街道总是熙熙攘攘,人们经常自发在广场上庆祝周末。

莫纳山

(Le Morne Brabant)(折页A10)引人注目的莫纳山(海拔556米)矗立在毛里求斯半岛上。因为历

在莫纳山前冲浪,是风筝冲浪者和风帆冲浪者的梦想

西南部

史上奴隶的故事与这座山息息相关，之被联合国教科文组织列入世界文化遗产名录。

19世纪，这里发生过一个悲剧性的误会：在法国统治期间，逃出来的奴隶将陡坡作为藏身之处。当英国人废除奴隶制并派警察到该地区告诉人们已经获得了新的自由时，他们以为自己已经走上了绝路，许多人以死明志，跳崖身亡。

如今，这里设立了一个纪念馆，以纪念这些不幸的人。在每年2月1日，废除奴隶制纪念日这天，许多人到这里来野餐，音乐团体也会聚集在这里，人们载歌载舞。

通往莫纳山路的门从7:00—16:00开放，上山和下山大约需要3个小时。帆板和风筝冲浪者会在西南边，也就是莫纳海滩旁集合——一只眼（One Eye）冲浪点。

美食

维歌邦餐厅（Le Vagabond）（折页A-B10）

这里有克里奥尔风味的国际美食，还有比萨。🏠 Royal Road，拉高莱特（La Gaulette）🕐 周三至次周一，建议预订 ¥ €€ 📞 4 51 59 10

休闲/运动

飞往水下瀑布

乘坐直升机飞越毛里求斯是一次很棒的体验：直升机会飞越北部的小岛屿、山脉、火山口和国家公园。从高处俯瞰莫纳山附近的印度洋水下瀑布，这是世界上独一无二的美丽景象，是一场视觉的盛宴！我们推荐的服务商叫"珊瑚直升机"（Corail Hélicoptères 🏠 SSR Airport Mauritius ¥ 1 800卢比/人/小时 📞 2 61 22 66 @ corailhelico-mu.com）。

住宿

迪纳罗缤巨浪酒店（Dinarobin Beachcomber）★ ● ☘ （折页A10）

这个酒店非常舒适：多层游泳池、海景露台和花园营造出热带风

毛里求斯

情。房间价格16 000卢比起，可以使用隔壁的巨浪天堂酒店（Paradis Beachcomber Resort）的设施，有一个18洞高尔夫球场，还提供2家酒店🌏玻璃瓶包装的饮用水。172间套房。🏠 Le Morne Peninsula ¥ €€€ 📞 4 01 49 00 @ short.travel/mau9

当地锦囊 ▶罗思迪培乐肯旅馆（Rusty Pelican Guesthouse）（折页A-B 10）

环境优美，有4个带有自助式游泳池和美丽花园的旅馆。超市、餐厅和公共汽车站都在附近。租1辆汽车可在10分钟内行驶至莫纳山的1个冲浪点 🏠 La Gaulette ¥ € 📞 59 78 91 40 @ rusty-pelican.com

帕拉迪斯酒店（Paradis）

这个酒店就在莫纳山脚下，这里有完美海景、奢华住宿环境，主要特色是这里的高尔夫球场，漫长的沙滩让你走不到尽头，酒店内的众多餐厅让你无从选择，最出彩的还是蓝色马林（Blue Marlin）餐厅的新鲜海鲜，记得入住时就可以向前台服务生预订好正餐。出门前也记得预约内部车辆，走不到餐厅可能天都黑了。¥ €€€ 📞 4 01 50 50 @ www.beachcomber-hotels.com

周边景点

贝隆布尔山庄（Domaine de Be Ombre）⚓（折页B11）

沿着海岸行驶18千米，从莫纳山经过多彩的克里奥尔村庄海角海湾（Baie du Cap），最后到达贝隆布尔，一路风景宜人。贝隆布尔急速发展着旅游产业，建设了豪华酒店和高尔夫球场。查萨尔生态旅游（Chaza Ecotourism）（P.104）可以带您体验森林间的徒步和高空滑索，在国家公园南边沿着★通往苏亚克的海滨路继续前行。公路绵延约12千米，路上会经过丘陵地带，经过渔船、多彩的房屋和克里奥尔小商店。

当地锦囊 ▶贝尼提耶岛（Île aux Béni tiers）（折页A10）

这是一座沐浴在绿松石色潟湖中的海岛，与拉angle莱特隔海峡相望。该岛美丽的沙滩吸引着游客前往野餐，附近海域有很多海豚。

苏亚克

（Souillac）（折页D11）苏亚克拥有一个天然良港，是南海岸沿线的重要城镇。

省钱有道

玛姆古兹（Mam Gouz）是毛里求斯人的"秘密基地"。这里有各种各样的可丽饼，都很便宜：甜奶油可丽饼、巧克力可丽饼、苹果可丽饼或其他丰富的搭配。🏠 Haupt Str., Black River，在伦敦超市对面。🕐 周一至周六，建议预订 📞 57 32 84 40

当地人常常在海滩上跳世嘉舞和雷鬼舞，周六晚上经常会有自发的音乐会，酒店会提供很多小贴士。可以在 @ koze.mu/event 找到简介。

西南部

劳动力代替机器：妇女正在博伊斯·谢里的茶园收获茶叶

这里有一个公共汽车站、一个印度教寺庙、一个教堂、一个公园和一些商店。

景点

格里格里海滩（Gris Gris Beach）

海滩位于村庄的南端。这里的海岸很原始，大海波涛汹涌。在这里游泳会有生命危险。停车场和茶点摊使格里格里成为一个聚会地点。在"哭泣的岩石"拉罗奇奎（La Roche Qui pleure）还可以看到波涛汹涌的壮观景象。

罗伯特·爱德华·哈特博物馆（Robert Edward Hart Museum）

这里是毛里求斯诗人罗伯特·爱德华·哈特曾经的住所。哈特于1954年去世，享年63岁。他来自路易港，曾是记者和图书管理员，之后开始写诗和小说，为此曾获得过法兰西文学院授予的荣誉。哈特的住宅和博物馆就在去往格里格里海滩的路上，展出着这位诗人的家具、肖像以及他出版的作品。🕐 周一、周三9:00—14:00，周四、周五9:00—16:00，周六、周日9:00—12:00 ¥ 门票免费

罗切斯特瀑布（Rochester Falls）

如果您在村庄北边询问去往瀑布的路，这里的孩子们会回答"这很难说"，并建议您骑自行车前去。实际上这里的路标很少。导游的价格应在旅行前协商。虽然罗切斯特瀑布的水深只有15米，但是这里的景色使它如田园诗般美丽。

美食

当地佳肴 玫瑰餐厅（Chez Rosy Le Gris Gris Restaurant）

简单但美味：一家实惠的餐厅，提供正宗新鲜的菜肴，就像毛里求斯

毛里求斯

人在家里做的那样。🏠 格里格里海滩 🕐 11:00—16:00 💰 €~€€ 📞 6 25 41 79

格里格里（Le Gris Gris）

这家餐厅位于格里格里海滩，装修朴实无华，显得从容淡定，烹制的食物有地道的风味。既有毛里求斯本地风味菜，也有改良版中国菜。🏠 格里格里海滩 🕐 11:00—16:00 💰 €€ 📞 6 25 41 79

住宿

圣奥宾旅馆（Auberge de St.Aubin）（折页 D11）

精美的殖民时代房屋，有游泳池。有3间客房。在阳台可以俯瞰生长着古树的花园。您可以在旅馆租到自行车，然后骑车探索周边地区。旁边的鳗鱼河（Rivière des Anguilles）为三餐提供了宝贵的食材。🏠 Royal Road，Anguilles River 💰 €€ 📞 6 2 15 13 @ www.saintaubin.mu

香提莫里斯水疗度假村（Shanti Maurice）（折页 C11）

阿育吠陀是这个豪华度假村和水疗中心的重点项目。这里的服务甚至菜肴都是私人定制的。如果您不想那么艰苦，可以选择精致的单点菜肴。早餐不提供自助餐，每个人的口味都会被个性化地满足。有非常漂亮的海滩。房间价格28 000卢比起。62间套房和别墅。🏠 舍曼格勒涅 💰 €€€ 📞 03 72 00 @ www.shantimaurice.com

书籍/电影

《寻金者》（*The Prospector*）：来自诺贝尔文学奖获得者勒·克莱齐奥（Jean-Marie Gustave Le Clézio）。这部作品以毛里求斯为背景，带有家族传记的意味。主人公是生活在美丽而神秘的毛里求斯岛屿深处的小男孩，朝夕相伴于"智慧树"、甘蔗田、星星和大海。遭遇家族变故后，拿起父亲留下的地图和资料，开始寻找海盗隐藏的宝藏，有了一系列奇遇。

《保罗和维吉妮》（*Paul and Virginia*）：贝尔纳丁·德·圣皮埃尔（Jacques-Henri Bernardin de Saint-Pierre）的浪漫小说，在毛里求斯随处都可以买到英文版，从作者的文字中处处可以感受到毛里求斯的优美风景。

《珍贵的微笑》（*A Smile of Fortune*）：约瑟夫·康拉德（Joseph Conrad）创作的一部隐晦的爱情小说，描述了19世纪的集市和黑奴、克里奥尔人以及法国人之间的复杂故事。

《大教堂》（*La Cathédrale*）：这部电影讲述了一个年轻女孩在圣·路易斯大教堂偶遇摄影师，并承诺将带给她一个美好未来的故事。然后，这个无忧无虑的女孩，打开了封闭的小世界……影片全部在毛里求斯拍摄，原汁原味还原这座人间天堂的风土人情。

西南部

周边景点

博伊斯·谢里茶叶工厂（Bois Chéri Tea Factory）（折页D10）

在茶园往北约30千米有一个小博物馆，展示了茶的种植、生产和精制，还可以品尝茶饮。

当地推荐 ▶ 博伊斯·谢里餐厅（Bois Chéri Restaurant） 🕘 9:00—17:00，需要预订 ¥ €€ 📞 54 71 12 16 @ www.boischeri.restaurant.mu 会为您提供高品质的菜肴（毛里求斯和欧洲的菜肴）和周到的服务，在这里您还可以欣赏到大海和天鹅湖的全景。赤鹿会来到大窗户周围，把人们围住。🏠 Bois Cheri Royal Road, Bois Chéri 🕘 周一至周五8:30—15:30，周六8:30—13:00 ¥ 门票525卢比

彩色谷（La Vallée des Couleurs）（折页C10）

在建造过程中，这个种植园的主人在1998年挖掘的土壤，闪烁着3种颜色和一些介于灰色、蓝色、红色和紫色之间的颜色——多彩的土壤让这里的蔬果种植园成为取景地。有一个带有许多小瀑布的圆形小径和泳池。来这里徒步1小时游览令人心旷神怡。🏠 苏亚克西北方向约6千米 🕘 9:00—17:00 ¥ 门票300卢比 @ www.lavalleedescouleurs.com

凡尼尔自然公园（La Vanille Nature Park）（折页D11）

位于苏亚克东北7千米处，靠近鳗鱼河，有路标清楚指引。在这里，您可以看到鳄鱼、猴子、海龟、蛙、小型爬行动物和大量昆虫。"饿"鱼餐厅（Hungry Crocodile ¥ €€）有多种鳄鱼主题的菜肴。🕘 9:30—17:00 ¥ 门票490卢比 📞 6 26 25 03 @ lavanillenaturepark.com

罗德里格斯岛

这座火山岛面积约为108平方千米，位于毛里求斯岛以东约560千米上。岛上有4万多人口，大多数是非洲和欧洲混血后裔。

体量巨大的珊瑚礁环绕着这座小岛，像一条蓝绿色的美丽绶带。这里的生态环境保护卓有成效，生活着多种独特的鸟类和海洋生物，象龟和蝙蝠都很有名，受到当地人珍视和保护。大山自然保护区（Grande Montagne Nature Reserve）和科科斯岛（Île aux Cocos）是很好的生态旅游目的地。

马蒂兰港（Port Mathurin）是岛上最主要的城镇，往返毛里求斯岛的客船在这里停靠。从岛西南端的机场到马蒂兰港有公共汽车开行。住在这里很便利，但是东部和南部海岸有更好的住宿选择。最好的沙滩在岛东部的海岸上，还有几处可以参观的溶洞，潜水点也值得称道。

西 部

海滩从佛力克昂佛勒克一直延伸到著名冲浪点塔马兰（Tamarin）。在远离海岸的腹地，星罗棋布的小城镇绵延数千米。

19世纪，这些定居点被一个个建立起来，如今已经逐渐融合在一起了。这里以购物中心和仓库直销吸引着游客。殖民时代风格的别墅隐藏在郁郁葱葱的花园中。南边的高地还种植着茶叶。

居尔皮普和弗洛雷亚尔

（Curepipe & Floréal）（折D8）1850年前后，当路易港和马堡爆发疟疾时，那些有能力的人搬到了气候宜人的高地（海拔540米），就诞生了居尔皮普。

居尔皮普有8.5万人口，是岛上

无论小摊、小店、购物中心还是集贸市场——您可以在西部获得多样的购物体验。

的城镇之一,许多人把居尔皮普当"隐藏的首都",因为这里有一些府部门和皇家学院。地处这一片城群落中的地势最高处,海拔高度超500米。有钱人会住在典雅的郊区洛雷亚尔。一些外国大使馆就在殖时代风格的别墅里面。

景点

植物园(Botanical Gardens) ●

比庞普勒穆斯的植物园要小,但同样引人入胜。此外,花园里还有酒瓶椰子树,这种珍稀树种只生长在毛里求斯。这里的草地很适合野餐。

毛里求斯

鹿洞火山已经不是活火山了

🕐 7:00—18:00　💴 门票免费

奥宾诺山庄（Domaine des Aubineaux）

这座庄园别墅坐落在居尔皮普郊外，建于1872年，是全岛最早通电的一处山庄。20世纪的大部分时间里，吉姆博家族都住在这座别墅里。房间的装饰几乎没有动过。通过这里展示的老照片能看到昔日景象。坐下来品茶、欣赏绿植，体验从前"大地主"奢华的生活。🏠 Royal Road　🕐 周一至周六9:00—17:00　💴 门票400卢比　📞 6 76 30 89

圣海伦娜教堂（St Hélène Church）

教堂的窗户很美，如果您运气不错的话，参观的时候通往塔楼的楼梯恰好开放。🏠 Royal Road，靠近菲尼克斯（Phoenix）方向

圣特里萨教堂（Sainte Thérès Church）

哥特式建筑，有令人惊叹的屋构造。🏠 Royal Road

市政厅（Town Hall）

这是1890年建造的英国殖民时风格的建筑，保存较为完整，可以到4座角楼和楼上精美的窗户、屋檐在市政厅后面的市政厅花园（TownhGardens）中有一尊"保罗与维吉（Paul et Virginie）"铜像。🏠 QueeElizabeth Av.，圣·特里萨教堂对面

鹿洞火山（Trou aux Cerfs）★

位于镇子以西1千米处。这个6米高、85米深的死火山口让人们对质史有所了解，也可以眺望远景在这里可以远眺到170千米外的留汪岛（Réunion）。火山口植被茂有时还可以看到鹿。这里的路沿着山口的边缘延伸。

西部

美食

库里姆吉商场（Arcades urrimjee）

购物商场的中间部分有玻璃窗。设有餐厅：大胡子酒馆（Bistro arbu）🕐 周一8:30—15:00，周二周五8:30—22:00，周六9:30—2:00 ¥ €~€€）提供传统菜肴以小菜，比如沙拉、三明治、炸鱼薯条。切尔西蛋糕店（Chelsea's up'n'Cake）🕐 周一至周六9:00—8:00 ¥ €）提供甜点，比如松软的丝绒蛋糕。火焰烤肉店（Flame N rill）🏠 256, Royal Road 🕐 周一至周10:00—17:00 ¥ €~€€）提供印度菜肴。

乐活餐厅（Carpe Diem）

热闹的居尔皮普有这样一个静的世外桃源，提供美味的食物比如鱼片配新鲜蔬菜、沙拉、甜）和优质的服务，性价比很高。个小酒馆还设有一个小画廊，展毛里求斯艺术家的作品。🏠 Rue 9 ommerford 🕐 周一至周六9:00—:00 ¥ €€ 📞 6 70 37 94

然餐厅（La Cléf des Champs）

在这家餐厅，您可以品尝到法和毛里求斯的菜肴，感受到典雅现代氛围。建议预订。🏠 Queen ary Av., Floréal 🕐 周一至周 ¥ €€~€€€ 📞 6 86 34 58

帕涅尔酒店（La Potinière）

这家精美的餐厅位于居尔普的一座茶园中。这里的特色海鲜和棕榈坚果沙拉。🏠 Av.

Charles Dicken 🕐 周一至周五9:00—16:00 ¥ €€~€€€ 📞 6 70 26 48

购物

对毛里求斯人来说，居尔皮普是购物胜地。这里有市场、商场和厂家直销点。沿着皇家大道一直走：萨拉法商场（Arcades Salaffa）有30多家中低价位的商店，主要是精品店。在库里姆吉商场有名牌服装、古董和纪念品售卖。🕐 周四下午歇业，周三和周六有集市。

阿达玛斯（Adamas）

在钻石研磨工作室，您可以购买免税珠宝、手表和钻石，还可以在工作室观看珠宝制作的过程。🏠 Mangalkhan Lane, Floréal 🕐 周一至周五9:00—16:00，周六9:00—12:00

必游景点

★ 鹿洞火山
死火山口边的美景。→ P.82

★ 弗洛雷亚尔广场
在这里您可以买到便宜的品牌服装。→ P.84

★ 卡塞拉自然休闲公园
140种动物生活在塔马兰附近的这片自然天堂。→ P.85

★ 果儿广场
博巴森的小吃店的美食，满足您的精神需求和口腹之欲。→ P.87

★ 塔马兰
在"毛里求斯马特宏峰"脚下，美丽如画的海滩潟湖。→ P.89

毛里求斯

在海滩上买一个冰激凌,就可以在佛力克昂佛勒克更好地享受阳光和海滩

古董店(L'antiquaire)

卖小家具、灯具和餐具的古董店,还设有餐厅(¥ €€)。🏠 Emile Sauzier Street 🕐 周一至周六11:30—16:00 📞 52 53 25 06

中国饰品店(Beautés de Chine)

这里有各式各样的来自中国的瓷器、木刻品、桌布、玉器、铜器和小的古董物件,是岛上最老牌的店铺。🏠 库里姆吉商场内 🕐 周一至周四9:30—13:00,周五9:30—17:30

马奎特-乔斯拉玛公司(Company maquette Joséramar)

毛里求斯最古老、最大的船舶模型工厂,简称"马乔拉(Comajora)"。在这里可以看到手工制作生产模型的过程,也可以购买或定做模型。🏠 Forest Side 🕐 周一至周五9:00—16:00,周六9:00—13:00 ¥ 8 000卢比起

弗洛雷亚尔广场(Floréal Square)

弗洛雷亚尔的纺织业很有名气,这个购物广场有两层,便宜的毛衣、马球衫和T恤在这里都有售卖,其中一些还是品牌商品,绝对是您买衣服的首选之地。🏠 John Kennedy Av., 洛雷亚尔 🕐 周一至周六10:00—17:00

花园村商场(Garden Village)

这个小商场位于去往植物园的路上,有服装店、饰品店、美容院、健身中心和餐厅。🏠 Sir Winston Churchill Street,居尔皮普 🕐 周一至周四10:00—13:00,周五、周六10:00—18:00

住宿

马德隆酒店(Auberge de la Madelon)

位于居尔皮普城镇中心,简单整洁。11间客房。🏠 10, Pope Hennessy Street ¥ € 📞 6 70 11 85 @ auberge-madelon.com

西部

...场酒店（Le Plaza Hotel）

这家经济型酒店位于居尔皮普城...中心，提供优质服务。70间客房。Impasse Pot de Terre ¥€ 6 70 5 18 plazahotelltd@intnet.mu

周边景点

瓦科阿水库（Mare aux Vacoas）（折页 C-D9）

岛上最大的内陆湖，既用作饮用...源，也为水力发电站提供动力。它...周围的瓦科阿（螺旋松树）闻名。...于海拔高度600米的缘故，这里经...是干燥凉爽的。这里有一条完美的...山线路。落叶林和松树林使得这里...起来更像是芬兰而不是一座热带岛...。居尔皮普以南7千米

佛力克昂佛勒克和沃尔马

（Flic en Flac & Wolmar）（折页 B8）佛力克昂佛勒克绵延5千米的...滩是毛里求斯最美丽的海滩之一。...距离海岸约100米处，印度洋的海...拍打在礁石上。

许多高层建筑正在佛力克昂佛...拔地而起。大多数酒店都位于沃尔...南边的海滩上。这里的"毛里求斯...情"只存在于有古老的渔民屋子和...商店的原始区域。如果您想体验毛...求斯的文化多样性，可以来参观这...的公共海滩。但是在周末和假期，...滩上会很拥挤，到处都是坐在树荫...野餐的家庭。如果您没有带任何食...，您可以沿着海滨路找到各个价位

的中餐厅、印度餐厅、克里奥尔餐厅或意大利餐厅。

周边景点

卡塞拉自然休闲公园（Casela Nature Park）★（折页 B8）

最初这只是一个鸟类公园，如今这里动物种类繁多，从当地猴子和爪哇鹿到斑马、袋鼠和老虎，应有尽有。自从公园接收了长颈鹿、河马和犀牛后，所有毛里求斯人都想看到它们，您几乎逃脱不了拥挤的游人。这里还有1 500多只鸟，约有140余种，包括珍稀的粉鸽和毛里求斯红隼。在广阔的野外景观中，还有团队的探险之旅，比如坐吉普车的拍摄之旅。勇敢的游客还可以与狮子、老虎同行，甚至可以给老虎喂食，并和它们一起拍照。如果您穿越了60米深的峡谷上的悬索桥，即便这段路很短，您也一定是勇敢的人。您可以选择骑小马，这里还会放映4D电影。记得带上泳衣，这样的话您就可以在瀑布下面的小水池里游泳。树下的平台供应午餐。卡塞拉餐厅（Casela Restaurants ¥ €€）的露台上可以看到美景。Royal Road，卡斯卡韦勒东北方向8千米 5月至10月 9:00—17:00，10月至次年4月9:00—18:00 ¥门票800卢比 @ www.caselapark.com

美食

米拉多（Mirador）

这家餐厅就在卡塞拉自然公园里，坐拥壮美的景观，可以饱览大海和西边的平原，记得一定要坐在露

毛里求斯

天座位——虽然可能会有小鸟跟你抢食。在这里可以吃到各种西式简餐，包括沙拉、三明治和比萨等。⊙ 10:30—16:00 ¥ €€ ☎ 4 52 08 45

海滩小屋（The Beach Shack）

这个现代化餐厅的露台与海滩只有一条街之隔。提供鱼和各种海鲜，还有沙拉、三明治、牛排和烧烤。🏠 Coastal Road Les Sables Complex，佛力克昂佛勒克 ¥ €€€ ☎ 4 53 90 80

购物

卡斯卡韦勒购物村（Cascavelle Shopping Mall）

购物中心位于佛力克昂佛勒克到卡特勒博尔纳的街道左侧，有30家商店、1家超市和1个大型美食广场。从佛力克朋佛勒克或莫纳山出发，乘公共汽车即可抵达商场。⊙ 周一至周四9:30—20:30，周五、周六9:30—20:00，周日9:30—15:30

帕萨迪纳村（Pasadena Village）

在警察局对面的帕萨迪纳村，有一个种类丰富的超市。在一层的旅游信息处旁边有纪念品小店和流行商品店。🏠 Royal Road，佛力克昂佛勒克 ⊙ 10:00—17:30，超市10:00—20:00

夜生活

肯兹酒吧（Kenzi Bar）

酒吧和餐厅都非常有毛里求斯风情，是热门的聚会场所，特别是在周末，毛里求斯的音乐人还会在这里演出。🏠 Av.Petite Marie，佛力克昂佛勒克 ⊙ 周二至周日18:00—24:00

住宿

金海滩度假酒店（Gold Beach Resort）

这是一家家庭经营的酒店，设有游泳池和餐厅。36间客房。🏠 沃尔马 ¥ €€ ☎ 4 53 82 35 @ www.goldbeachhotel.com

希尔顿毛里求斯度假村（Hilton Mauritius Resort）

一家坐落在海滩上的豪华酒店，提供一流的运动设备和水疗设施，并有3间餐厅。泰餐厅（Ginger Thai）需要预约，提供优质的泰国美食和浪漫的氛围。包括瀑布在内的复杂的花园设计让人惊叹。房间价格20 000卢比起

省钱有道

塔马兰的伦敦路（London Way）超市（🏠 Royal Road ⊙ 周一至周四8:30—19:00，周五、周六8:30—19:45，周日8:30—12:30）提供午餐、咖啡和蛋糕。柜台中陈列着琳琅满目的毛里求斯美食，价格都在190卢比左右，即便不会这里的语言，也可以轻松买到。可以在露台上享用美食。

塔马兰酒店（Hotel Tamarin）（P.90）也为非住宿客人提供沿西海岸坐船海豚观光之旅（⊙ 周一至周六8:00—11:00 需要预约 ☎ 4 83 31 00）。半日游的费用（不含餐费）1 500卢比，加上贝尼提耶岛的野餐（P.76）共2 000卢比——比一般的一日游还便宜！

西部

93间客房。 沃尔马 €€€ 4 03
00 @ www.hilton.com

凌舟酒店（La Pirogue Hotel）

毛里求斯最古老的酒店之一。酒店的房屋是由传统的渔船改造的圆形小别墅，带有茅草屋顶，坐落在海滩边的棕榈林里。酒店提供运动设施和丰富多彩的娱乐项目。248间客房。 沃尔马 €€€ 4 03 39
0 @ www.lapirogue.com

莱思提顿旅馆（Residence Lestri- ents）

宾馆的房间很漂亮，设有游泳池和网球场，距离公共海滩仅5分钟的步行路程。住宿费包含早餐，滨海路附近有一些餐厅。9间客房。 58, Rue aissans，佛力克昂佛勒克 €€ 4
3 54 70 @ www.residencelestrients.
om

白兰酒店（White Orchid）

一个小建筑群，设有靠近海滩的游泳池，提供自助式住宿。4套公寓均有3间卧室、2间浴室以及开放式厨房、起居室和阳台。 Radar Street，力克昂佛勒克 € 4 53 88
2 @ ariellejeanlouis@gmail.com

卡特勒博尔纳、博巴森和罗斯希尔

（Quatre Bornes, Beau Bassin Rose Hill）（折页 C7-8）游客来到卡特勒博尔纳（72 000人口）主要是因为在这里的 当地精选 **市场** 上可以买到便宜的衣服（针织品、衬衫、牛仔裤等）。

博巴森是西部高地7个毗邻城镇中最北端的一个，与商业城镇罗斯希尔无缝连接。从巴士总站步行3分钟，在杜瓦尔体育场（Sir Gaëtan Duval Stadium）的后面，是新阿拉伯镇（New Arab Town）。毛里求斯人会在这里买衣服、家居用品和食品。

美食

杰尔维莱斯随想曲（Les Caprices De Gervais）

这里有高品质的国际美食和美味的蛋糕，还提供早餐。 128, Route Saint Jean，卡特勒博尔纳 至 20:00 €€ 4 65 45 75

果儿广场（Gool Square）★

这家特别的美食广场是夜猫子的聚会场所。人们通常称它为"无门"，因为在毛里求斯的其他任何地方都无法每周7天每天24小时都买到食物和饮料——当然是不含酒精的。老板果儿（Gool）对他的店进行了翻新，但这里还是如往常一样——后台播放着印度音乐。果儿是一位受过良好教育的印度人，甚至可以说是一位"哲人"，他发现热情的交谈比销售零食更重要。 在邮局和警察局的环岛路边 €

帝王龙餐厅（King Dragon）

这是一家主打粤菜的高品质中餐厅，非常受毛里求斯人的欢迎。 Route Saint Jean，卡特勒博尔

毛里求斯

佛力克昂佛勒克海滩的沙子是粉白色的，海水是深蓝色的

纳 ◎ 周二至周日 ¥ €€ ✆ 4 24 78 88

斯的年轻人就是在那里购买现代时装和化妆品的。

购物

在购物方面，罗斯希尔是居尔皮普的有力竞争对手。最主要的购物中心是皇家路上的苏纳西商场（Arcade Sunassee）、汪德迈街（Vandermeersch Street）的天井购物中心（Atrium Shopping Centre）和 当地推荐 ▶永耀购物街（Les Galeries Evershine，在综合商业街），毛里求

夜生活

秘密基地（Backstage）

轩尼诗公园酒店（Hennessy Park Hotel）位于卡特勒博尔纳的东北边，全天24小时营业。当地推荐 ▶周五晚间在这个通信中心和互联网公司聚集的数码城中，毛里求斯有钱的年轻人聚在一起喝酒。欢乐时光是从17:00-19:00。每周五和周六的晚上，露

西部

部。在这里,您可以一直跳舞跳到清晨。🏠 Route Saint Jean, Quatre Bornes 🕐 周五、周六 ¥ 门票300卢比,有些晚上还会有节目表演

上还会提供现场音乐表演。🏠 Level Cybercity 65 ¥ €€

精吧(Paradox Club）

这家俱乐部在周五和周六总是很忙。精彩的音乐组合或毛里求斯音乐人会在这里演出。🏠 MCB Building, John Kennedy Street, 罗斯希尔 🕐 21:00开始 ¥ 门票300卢比

女王迪斯科夜总会（Queen's Disco & Night Club）

一个深受年轻人喜爱的俱乐

住宿

金顶酒店（Gold Crest Hotel）

这家舒适的酒店位于卡特勒博尔纳中心,设有健身中心和水疗馆。每周五从19:00—20:30的"欢乐时光",酒店的酒吧里所有饮料包括小吃都是半价。50间客房。🏠 Route Saint Jean ¥ € 📞 4 54 59 45 @ www.goldgroupofhotels.com

塔马兰

（Tamarin）（折页B8）★大部分时间,塔马兰河（Rivière Tamarin）和朗帕河（Rivière du Rempart）宽阔的河口湾都是平静的。

然而在每年7月到9月之间,世界各地的冲浪者都慕名而来。被称为"毛里求斯马特宏峰"的堡垒山（Montagne du Rempart,海拔777米）就坐落在塔马兰的腹地,是毛里求斯的标志性景观之一。

休闲/运动

塔马兰酒店冲浪班

罗杰泰维诺（Roger Theveneau）的塔马兰酒店也为非住客提供冲浪板和冲浪课程。¥ 1小时初学者1 500卢比（包括租赁的冲浪板）,高阶者700卢比 📞 57 27 07 76

毛里求斯

筐子里装满了"白色的金子":塔马兰生产的盐

住宿

塔马兰酒店

简洁漂亮的房屋,有游泳池和小型保健区。这里的酒吧和餐厅也深受当地人的欢迎。66间客房。🏠 Tamarin Bay ¥ €~€€ 📞 4 83 31 00 @ www.hotel-tamarin.com

里奥拉海滩公寓(Leora Beach)

公寓大楼就位于海滩上。厨房设备齐全,每间公寓均有烧烤设施。这些公寓楼适合家庭或小团体旅游居住。12间公寓,2间顶层公寓。🏠 Coastal Road ¥ €€€ 📞 4 03 53 04 @ www.leorabeach.mu

瓦科阿-菲尼克斯

(Vacoas-Phoenix)(折页 D8)定义这个城市的边界几乎是不可能的,人们称之为"双城"瓦科阿-菲尼克斯,有约10.9万名居民。

西部

购物

菲尼克斯商业中心（Centre Commercial Phoenix）

大型购物中心，有鞋店、服装店、带有游泳池的健身房（游泳池在天冷的时候会加热池水）、超市和美食广场。拉贾快乐餐厅（Happy Rajah 📞 4 27 14 00 ¥ €）提供精美的印度美食。🏠 Sivananda Av. 🕐 周一至周六9:30—20:00，周日9:30—13:00 @ www.centrecommercialphoenix.mu

海边产品店（Ocean Factory Shop）

这家店专门经营休闲装和泳装，提供各种类型服装。🏠 56, Nalletamby Road 🕐 周一至周六8:30—17:30

菲尼克斯玻璃画廊（Phoenix Glass Gallery）

这个画廊用旧玻璃制作纪念品。游客还可以观看纪念品完整的制作过程。🏠 Pont Fer 🕐 周一至周五8:00—17:00，周六8:00—11:30

夜生活

西尔萨（Sirsa）

在西尔萨的电影院，您可以看到最新的宝莱坞电影（印度原音，英文字幕）。电影作品无论是浪漫爱情还是军事题材，几乎都有唱歌和跳舞的片段。🏠 Royal Road Castel ¥ 门票300卢比

在这个"大都市"，许多纺织工忙碌地生产，成千上万的人在这个地区通勤工作，但人们并不喜欢在这里度假，因为这里太城市化，而且一点都不漂亮。不过这里有很棒的购物场所。您可以从佛力克昂佛勒克开车来到这里，周二和周五的瓦科阿集市很热闹，开办在斯万达路（Sivananda Road），一部分摊位在新建的大厅里。另外值得一提的是，毛里求斯出产的一款著名的啤酒就是以菲尼克斯命名的（通称"凤凰啤酒"）。

独特体验之旅

① 毛里求斯最美之旅

起点：① 路易港
终点：① 路易港

路程： 280千米

3天
乘车时间
6小时

费　用： ¥ 租车加上汽油费用每日2 400卢比起，停车费约100卢比，住宿费（双人房）约7 500卢比，餐饮费约2 500卢比，桨板冲浪约每小时1 000卢比，双人划艇约每小时800卢比，乘船游览约700卢比。

携带物品： 食物、泳衣、防晒霜、驱蚊喷雾、雨衣。

在这为期3天的旅程中，您会体验到毛里求斯的各个方面：对比鲜明的腹地、壮丽的风景和绵延的海岸线，还有从深蓝色到绿松石色的如画海景。

地球的每个角落都有其美丽之处。如果你想发现每个地区的独特魅力，如果你想找到值得驻足观赏的景物、震撼人心的去处、美味的餐厅……那么这份定制的深度游攻略再合适不过了。

这条路线从首都❶路易港→P.48的南部出发，首先沿着A3号公路行驶。这里的海滩几乎还没有被开发。这里的超市吸引着人们去消费，这个地区展现了毛里求斯曾经的模样。在西海岸公路旁的浅水湾，有毛里求斯的冲浪点❷塔马兰→P.89，您可以在盐田旁的石屋里了解到盐是如何生产的，还可以购买一些纪念品带回去。

上图：海角海湾

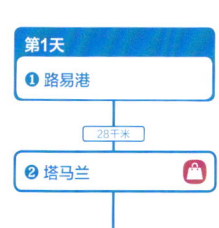

第1天

❶ 路易港

28千米

❷ 塔马兰

毛里求斯

途经黑河区继续向南行驶。黑河谷国家公园→P.70在路的东边陡然出现，而在路的南边您可以看到莫纳山→P.74。在拉戈莱特右转后途经天堂加馆、高尔夫球场和迪纳罗缤，前往❸莫纳山。普莱德俱乐部（Pryde Club）→P.107就位于餐厅后方右手边，您可以在这儿尝试桨板冲浪（SUP）。

回到路上，在十字路口右拐，沿着原始的南海岸，途经莫纳山、海角海湾和贝隆布尔，抵达❹苏亚克→P.76。诗人罗伯特·爱德华·哈特就曾住在这里。现在他的住宅已经成为一座博物馆→P.77。

沿A9和A10号公路开往内陆，来到❺居尔皮普→P.80，可以把车停在圣特里萨教堂。库里姆吉商场→P.83位于停车场后面，里面有时装店、书店和手工艺品商店以及一个小型的美食广场。此外，大胡子酒馆提供美味的三明治，是品尝小吃的完美选择。

回到A10号公路上，向南行驶一点到达新法兰西站（Nouvelle France），然后途经小镇驶到M2号公路（马埃堡方向）上。在机场左转前往马埃堡，千米后右转到❻德斯尼角。在路的尽头右转到陈坡乌文特宾馆。可以在菲尔洛（Fil'a'lo）→P.106租划艇去海上划船！

此时回到主路，前往❼马埃堡→P.64，并在这里住下。在这个小镇住下，您可以在晚上参观建于1849年的天使圣母院→P.64。

从马埃堡出发驶入B28号公路，在丛林与大海之间行驶，向北途经毛里求斯最美的地带。在旧港的魔鬼角（Pointe du Diable）→P.69前停下，法国殖民时期的大炮仍然立在那里。望向大海，景色如画。继续前往博尚→P.67，然后右转驶入B59前往托鲍道斯→P.69，在这里您可以乘船前往❾鹿岛→P.69。您可以选择在码头的一家餐厅享用午餐。

独特体验之旅

回到陆地上，继续在风景优美的路上沿着海岸线行驶，途经贝尔马library→P.61，然后驶入B62号公路到⑩弗拉克站→P.63。萨加尔·希尔·门迪尔寺（Tempel Sagar Shir Mandir）就位于海角上，看起来好像漂浮在海面上一样。

沿着B15号公路，海滩变得更加美丽。这里除了几座别墅和豪华酒店外，没有别的。途经古德兰兹和小拉夫雷（Petit raffray）到达⑪马勒勒角→P.42。这里的大海对航运来说很危险，但近海的岛屿更美。还可以去毛里求斯最北端的小教堂红顶教堂参观。

21千米

⑩ 弗拉克站

29千米

⑪ 马勒勒角

7千米

毛里求斯

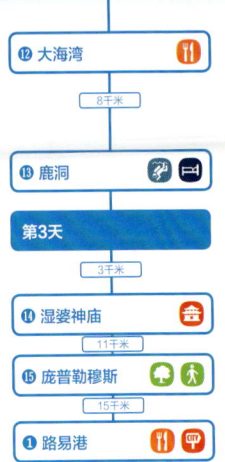

⑫ 大海湾 🍴

8千米

⑬ 鹿洞 🤿🛏

第3天

3千米

⑭ 湿婆神庙 ⛩

11千米

⑮ 庞普勒穆斯 🌳🚶

15千米

① 路易港 🍴🍷

在B13号公路上行驶，途经佩雷贝勒→P.42到达⑫大海湾→P.35。这个热闹的小城是北部的旅游中心。您可以在这里的小吃摊品尝毛里求斯的风味美食。然后在B36号公路上行驶，途径富有的毛里求斯人的庄园到达⑬鹿洞→P.46住下。您可以先尝试一下潜水！

这天的路线不在海岸边，沿途充满熔岩碎片和陨石坑的遗迹。第一个参观地是位于特里奥莱的⑭湿婆神庙→P.46。参观过后将驶入A4和B18号公路前往⑮庞普勒穆斯→P.40，然后可以在那里参观SSR植物园→P.41。驶入M2号公路回到①路易港。您可以把车停在科当水门→P.55，然后在商场里享用午餐，再参观这个城市中的景点。

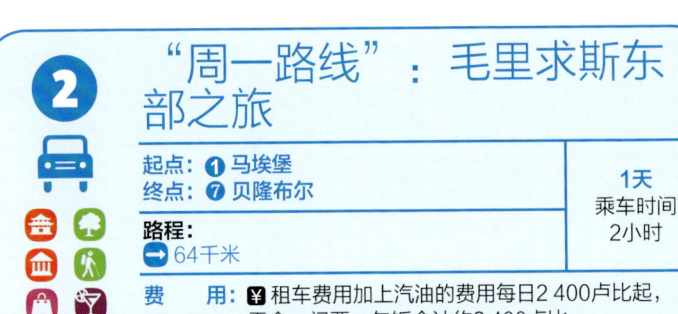

② "周一路线"：毛里求斯东部之旅

起点： ① 马埃堡
终点： ⑦ 贝隆布尔

路程： → 64千米

1天
乘车时间
2小时

费　用： 💴 租车费用加上汽油的费用每日2 400卢比起，零食、门票、午饭合计约2 400卢比。

携带物品： 驱蚊喷雾、防晒霜、水、结实的鞋子、泳衣、拖鞋。

注　意： 就像名字里说的那样，您应该周一来这里参观，然后去逛马埃堡的市场。费尔奈谷的徒步旅行应该计划90分钟。

再见了，酒店的游泳池！这里有迷人的风景，尤其是甘蔗田之间或茂密丛林边的小村庄。

① 马埃堡

09:00 从西边驶入A10号公路到达①马埃堡→P.6的话，左手边就是泰米尔的舍利凡亚尔新旦拉门→P.65，右边是另一个小祷告寺。离这里不远，一座宏伟的殖民时代风格别墅，这里坐落着著名的国家历史博物馆→P.64。

独特体验之旅

逛马埃堡的周一集市

继续前行,到达将马埃堡与黑城连通的桥梁,边有一条从天主教堂通往大海的道路。到头再向转,然后向左转,来到马埃堡海滨。您可以沿公共汽车站步行走到精彩的每周集市→P.66。商在这里售卖萨摩萨(印度菜中传统的咖喱三角)和蔬菜馅饼。您可以在海边一边看海一边品尝吃。

继续行驶,穿过桥,然后再次左转。这里的标显示的是到劳尔特饼干厂→P.65的路,这里的干由木薯制成。继续沿着路标向右,向左,再向。蓝色水池就位于路尽头的左手边,在那里右转入面包店的停车场,会有向导给您介绍传统的生方法,然后您可以品尝一杯茶。

继续驶入B28号公路,从马埃堡向北行驶。有在大海边,有时穿过山麓,蜿蜒穿过一个人烟稀的地区。偶尔还会途经村庄,很少有固定的街,房屋看起来有些寒酸,但都粉饰过各种颜色。

12:00 自然保护区 ❷ 费尔奈谷→P.66一直致力于试恢复原始的森林景观。徒步3千米,您可以看到富多彩的动植物。

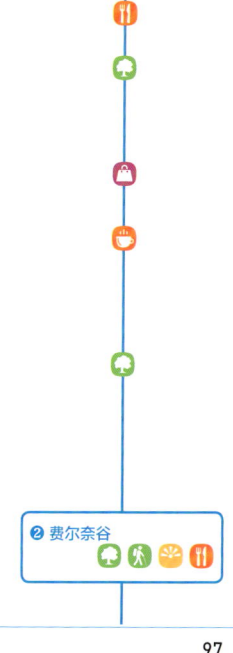

毛里求斯

在林中的空地上,您可以欣赏到东南部山脉和大港口的山景。是不是饿了?费尔奈小屋提供当地美食。

继续沿B28号公路行驶至❸旧港→P.69。在这里,您可以参观纪念公墓和记录了荷兰殖民历史的弗雷德里克·亨里克博物馆。

此时沿着海岸线行进,狮子山→P.66就立在左手边。很快您就会到❹爱情林(Bois des Amourettes),是毛里求斯典型的沿海村庄。在历史悠久的 当地惊喜 游船码头,您可以欣赏到迷人海景,看到远处的富凯岛(Île au Phare)和帕斯岛。继续沿B28号公路向北行驶几千米到达位于旁布(Pointe Bambou)的水中乡村石屋❺渔夫乡间别墅酒店→P.66。您可以在这里喝杯冷饮再继续旅程。

在贝莱尔→P.64驶离B28号公路,然后沿B55号公路朝康德马斯克方向西行驶,您可以在路上享受到毫无保留的自然美景。从山谷到山峰,昂斯山和白山的芙蓉灌木、香蕉树、棕榈树和野花繁茂生长。路过康德马斯克州立学院之后,在加油站右转,在A7途经Unité驶至❻弗拉克中心→P.63。这里有许多商店。小城以印度服装店而闻名:您可以买到各种颜色的帕纱(Paschina)围巾或7米长的纱丽面料。

17:00 之后,驶入B58号公路至❼贝隆布尔→P.76。当地的海水浴场是毛里求斯最美丽的海滩之一。还有新鲜水果可以买。如果您运气不错的话,就会遇到一群人在这里演奏赛加音乐,跳起赛加舞。就在这里结束您的旅行吧!

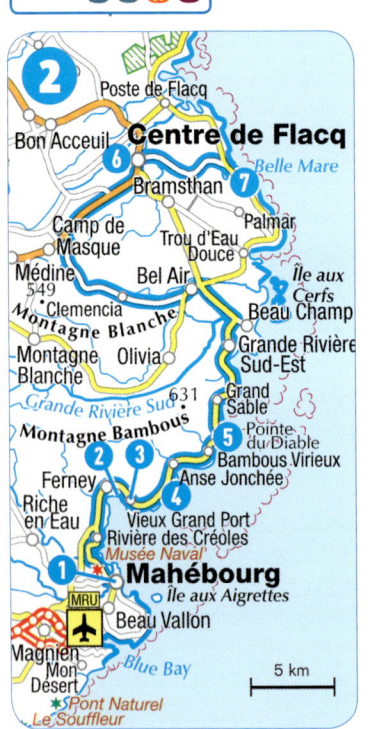

独特体验之旅

③ 穿越西南：一趟穿越不同气候带的旅程

起点：❶ 居尔皮普 终点：❼ 夏马尔		**1天** 步行时间 约2.25小时 乘车时间 约2.25小时
路程： ➡ 约50千米	**困难：** 📶 上升高度约800米	

费　用：	¥ 租车加上汽油费用每日2 400卢比起，夏马尔的门票600卢比，午饭1 600卢比。
携带物品：	食物、蚊香、防晒霜、雨衣、登山鞋、泳衣、拖鞋。
注　意：	小黑河峰上的小路（约7千米）上有碎石，经常会很滑，尤其是下雨后！

就像一段穿越之旅：毛里求斯南部的大部分地区仍然展现了这个岛屿在成为殖民地之前的景象。

🕗 08:00 旅程从 ❶ 居尔皮普→P.80开始。这是毛里求斯最多雨的地方之一，几乎每天都有阵雨。尽管如此，这里美丽的教堂仍然值得参观。

在皇家大道从圣特里萨教堂→P.82向南行驶，在赢家超市（Winner's Supermarkt）后右转进入玻璃路（Brasserie Road），经过菜地和火鹤树种植园。在B64和B70号公路交叉的路口，沿着乡村小路向南行驶至普特林，进入荒凉的高地，可以看到起伏的丘陵和不断扩大的松树林，树林里常有雾。很快您就会到达 ❷ 瓦科阿水库→P.85。从右边的停车场，您可以清楚地看到水面。

继续前行，道路逐渐变陡。在普特林→P.73，沿着路标向左前往位于 ❸ 圣水湖→P.73的一座寺庙。停车场内宏大的湿婆神像和杜嘉女神像说明了圣水湖对印度教徒的重要性：湿婆神节（P.112）的时候，成千上万的人来到海岸边。平时这里很安静。尚未被驯服的猴子跳来跳去，对祭品并不尊敬。您需要脱掉鞋子才能进入寺庙。这里的印度教

毛里求斯

```
        │10千米
   ┌────┴────┐
   │ ❹ 麦卡布 │ 🌳
   └────┬────┘
        │1千米
   ┌────┴────┐
   │ ❺ 黑河谷 │ 🍊 🌳
   └────┬────┘
        │4千米
   ┌────┴────┐
   │❻小黑河峰│ 🚶 🌳 🍊
   └────┬────┘
        │17千米
   ┌────┴────┐
   │ ❼ 夏马尔│ 🍴 🌳 🏛 ☕ 📍
   └─────────┘
```

教士都很愿意为您讲解不同的神灵。

此时回到主路上驶向普特林，然后左转向南行驶。途经高地香槟平原→P.73（B路103）到达 ❹ 麦卡布→P.73 自然保护区，在一定意义上这里位于毛里求斯的"顶部"。植物群是郁郁葱葱的。之往夏马尔的路颠簸且多弯，一条条路径通往高地的隐蔽角落。路标（"瞭望点"）指引着有利的观景位置。穿过陡崖和丛林，您可以欣赏到最美丽的景色——❺ 黑河谷→P.73。停车场后200米有一条小路，您可以从这里俯瞰到黑河瀑布。黑河流入山谷形成山谷，继续向大海奔流。热带白尾鸟在石坑繁衍，您可以看到这种鸟在河上滑行。天气晴朗时，您还可以看到塔马兰平原和毛里求斯最高的山峰 ❻ 小黑河峰→P.70。

大道南边几百米处，有一条通往山峰没有路标的小路。刚开始，路很好走，大约走30分钟后，向南便可以看到莫恩山。之后道路会变得很难走，最后还要艰难地靠绳子辅助攀爬，但山顶的壮丽景色会让这一切辛苦都值得。

13:00 徒步旅行后，继续前往 ❼ 夏马尔→P.71，然后在马洛餐厅→P.72的小镇入口处停留，享用美味的有机菜。中午稍作休息后，穿过村庄向南行驶，然后按照路标前往七色土。途经甘蔗田的路上，在马尔瀑布→P.71左边可以看到第一个观景点。一条狭窄的公路通向上坡，峡谷就坐落在瀑布的对面——非常适合拍照。下一个参观地是道路尽头的七色土→P.72。缓慢起伏的小

七色土的每一种颜色都闪着迷人的光芒

独特体验之旅

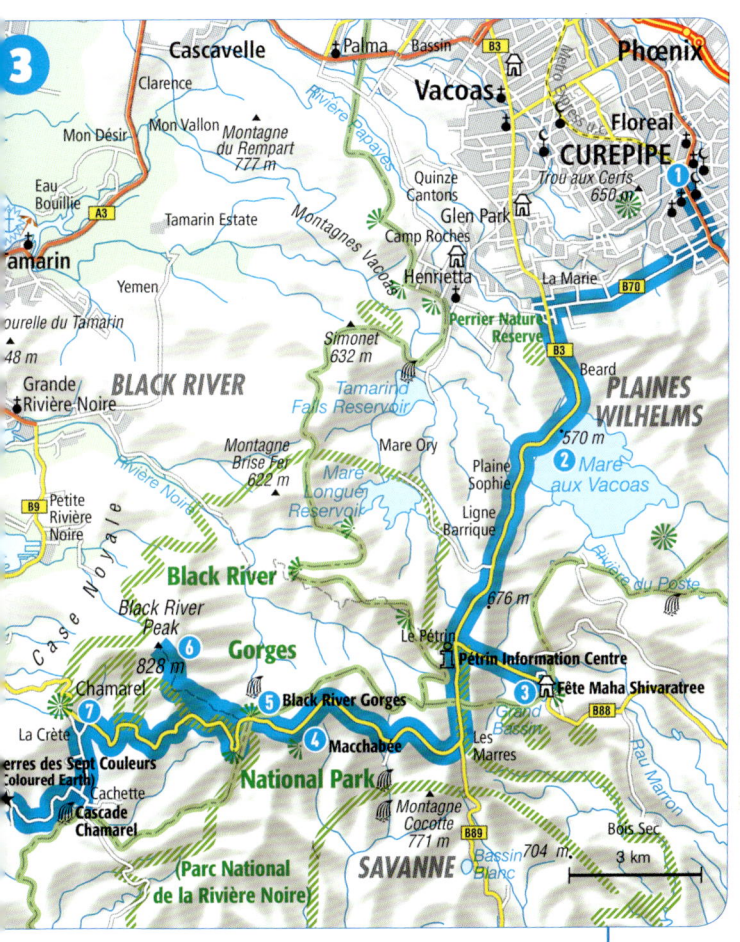

有7种不同颜色的泥土。

16:00 回去的时候，夏马尔好奇之角（Curious Corner of Chamarel）→P.110就位于私人领地的入口面。在"幻象之屋（Haus der Illusionen）"中，自然法则似乎并不成立。在这里，您可能又变得如孩童一样对这里充满好奇，感到惊叹。最后，您还可以在咖啡厅享用小吃或冰激凌。

毛里求斯

黑河谷国家公园徒步之旅

起点： ❶ 黑河谷国家公园西入口
终点： ❶ 黑河谷国家公园西入口

4小时
乘车时间
约2.5小时

路程： 8.9千米　　**容易：** 上升高度约550米

携带物品： 水、野餐的食物、徒步鞋、蚊香、防晒霜、雨衣、泳衣。

注　意： 从北部出发，在黑河区入口处左转进入通往公园的西入口的路。这条逐渐升高的小路上会有碎石。一定要走有路标的路！树木和灌木丛生的山谷很危险，不要靠近。

您会沉浸在植被繁茂的自然保护区美景中。这里有许多独特的动植物，包括毛里求斯红隼、粉鸽和绿色的毛里求斯长尾小鹦鹉。

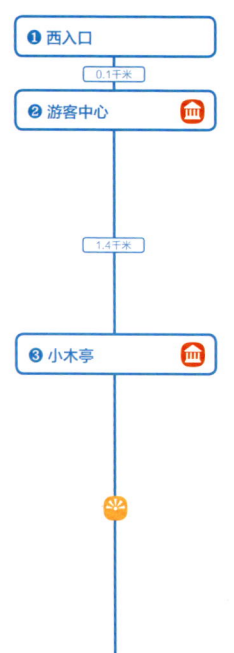

从黑河谷国家公园的 ❶ 西入口→P.70 开始。这里有一个 ❷ 游客中心 提供信息咨询。您可以开始在这段高大的树荫下开始自然探索之旅。这条小路有完善的路标。路上您会穿过一座小桥，500米后道路分岔，要向右转到麦卡布瞭望点（Macchabé Viewpoint）。沿着路标向着亭子的方向走，很快就会穿过另一座桥，这座桥经常被淹没，但水只有几英寸深，在大雨中汇成泥流，此时的路会很难走，所以您需要脱掉鞋子慢慢走。道路很平坦，没有太大的坡度。约30分钟后，您将到达一个 ❸ 小木亭（Kiosk）。一座桥通过黑河，这里的水深只到踝关节。河流蜿蜒穿过热带森林以及河床边的巨石。河边耸立着悬崖。

一个右转弯之后，您将慢慢向上行驶，有时要穿过泥泞的小路，有时在混凝土路上行驶。您可以在路上享受郁郁葱葱的高地美景。热带鸟类在峡谷中飞来飞去，运气好的话，您可以看到狐蝠在树间飞来飞去。

独特体验之旅

继续走，路上可以看到很多番石榴。4月，水果成熟，您可以采摘并品尝。巴西胡椒木也生长在这里，许多毛里求斯人会来这里收割巴西胡椒。大约一个小时后，路标指向❹**高原纪念碑瞭望点**。再走过一条小路，5分钟即可到达林中空地，在那里可以欣赏到周围的群山和大海的壮丽景色。

回到主路上，继续向上行驶。约一个半小时后——最后几米非常陡峭——到达❺ 画地锦囊 **麦卡布瞭望点**。在这里可以看到从绿色森林到蓝色大海的全景。

以同样的方式返回。想要放松身心的话，可以在❻**黑河**游泳。一个带桌子和长凳的野餐区位于❶**西入口**处——记得带些食物来这里野餐！

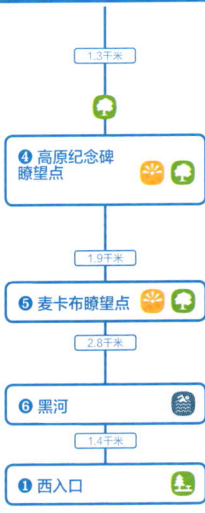

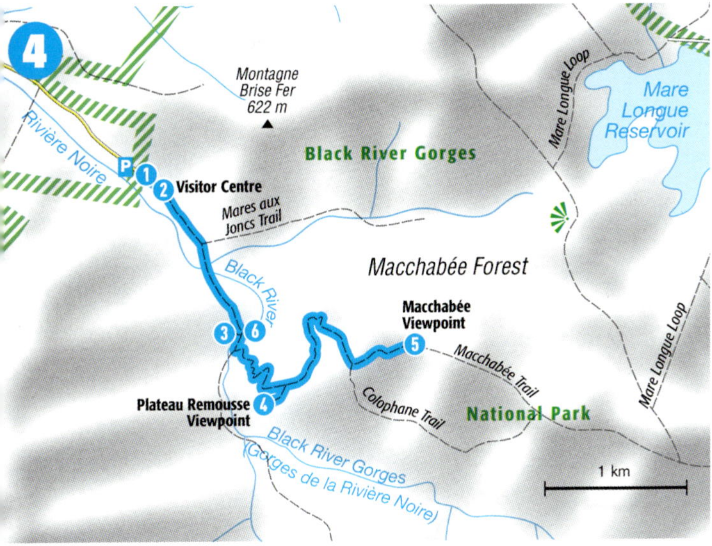

户外活动

徒步、皮划艇、登山、足球和风筝冲浪是最受毛里求斯人喜爱的运动。橄榄球和赛马也非常受欢迎。

游客也可以参加各种体育活动。平静少浪的潟湖非常适合各种水上运动。来塔马兰冲浪需要付费。酒店的各项运动报价不太可取。保健中心（水疗中心）提供放松休闲的服务。

极限运动

垂直世界（Vertical World）（🏠 居尔皮普 📞 6 97 54 30 @ www.verticalworldltd.com）组织峡谷探险之旅和攀岩活动。在大海湾的 弗林潜水（📞 52 57 22 44 @ www.flyndive.mu），可以体验用水上飞板在水上滑翔。查萨尔生态旅游（🏠 Chamouny ¥ 2 400卢比 📞 54 22 31 17 @ www.chazalecotourismauritius.com）的滑索之旅在圣费利克斯附近，在加莱河上方有可以连接滑索线的钢丝绳，您可以借此穿越山谷。返程依旧穿过森林，还可以在瀑布下游泳。整个行程需要5个小时。长跑运动员从11月开始训练，通常周六在黑河谷和勒普斯山的山坡上，为"皇家比赛"（Royal Raid 📞 6 2 21 48、6 22 72 34 @ www.royalraid.com）做准备。每年6月、7月进行30或80千米的越野跑比赛。

骑行

几乎在所有的酒店都可以借到自行车。东海岸交通路线较少，东南部的蓝湾半岛（Blue Bay peninsula）、西南部的莫纳山和北部的马勒勒角

> 登山、徒步、冲浪和帆船：无论是在地上还是在水中，在毛里求斯您总能体验运动的无限快乐。

比端特别适合骑行。山地自行车的骑行者可以在黑河谷国家公园找到更多具有挑战性的骑行路线。

高尔夫

位于贝尔马尔的18洞球场（71杆）在贝尔马尔酒店（P.62），是毛里求斯最美丽的高尔夫球场之一。另一个在东海岸值得一去的18洞球场是海上的鹿岛（@ www.ileauxcerfsgolf.com）巨浪天堂高尔夫度假水疗中（@ short.travel/mau8）的高尔夫球场（18洞，72杆）和莫纳山的迪纳罗缤巨浪酒店的球场（P.75）都非常宏伟。南部的贝隆布尔高尔夫球场（Bel Ombre Golf 🏠 贝隆布尔 @ www.domainedebelombre.mu）也令人印象深刻（18洞，72杆）。西海岸的塔马兰（🏠 Tamarin @ www.tamarina.mu）有一处公共绿地（18洞，72杆）。在瓦科阿，球手可以成为金卡纳俱乐部（Gymkhana Club 18洞，68杆 @ www.mgc.mu）的会员。新建的阿瓦隆高尔夫球场（Avalon Golf Course）（🏠 Bois Sec @ www.

毛里求斯

avalon.mu）位于茶园附近的高处。同样新的一家是位于北部与所在小镇同名的18洞球场蒙舒瓦西球场（Mont Choisy @ www.montchoisygolf.com）

骑马

莫纳马场（Haras du Morne ¥ 1小时3 200卢比 ☏ 4 50 50 43 @ www.harasdumorne.com）提供骑马服务。在蒙舒瓦西的马场（Horse Riding Delights ¥ 1.5小时2 100卢比 ☏ 2 65 61 59）提供可以看到赤鹿、兔子和乌龟的骑马旅行项目。在东部的费尔奈谷，莱图瓦勒山庄（¥ 1.5小时2 000卢比 ☏ 57 29 10 50 @ short.travel/mau7）提供娱乐设施。

帆船

6月到9月，东海岸的微风渐起。一些酒店提供基本的帆船运动设备，您可以获得帮助，必要时还可以参加私人课程。您还可以参加位于毛里求斯西北部的蒙舒瓦西的狂风航海中心（Wildwind Adventures ¥ 1小时1 000~2 000卢比，3天的帆航课程15 000卢比 ⌂ Coastal Road，靠近 Hotel Coral Azur ☏ 54 76 41 04 @ www.Wildwind-adventures.mu）的课程。南方游轮（⌂ 大海湾 ☏ 2 02 66 60 @ www.Croisieres-australes.mu）提供沿西北海岸的双帆板船之旅，海洋邮轮（Océane ⌂ 托舵道斯 ☏ 4 80 07 43 @ www.oceane.mu）提供沿东海岸的双帆板船之旅。奥普齐尔（Oplezir ⌂ La Carangue Jetty，黑河区 ☏ 4 83 74 11）提供沿东海岸的双帆板船之旅。所有双帆板船之旅的报价均包含饮品和午餐。

桨板冲浪

位于德斯尼角的菲尔洛（¥ 1小

如果您还想去海边冲浪，大多数酒店都可以租到冲浪板

户外活动

时1 000卢比（📞6 31 18 68）提供这项流行运动（还有皮划艇租赁）。

普莱德俱乐部（Pryde Club ¥1小时000卢比 📞59 89 10 60）在莫纳山度假酒店前的莫纳海滩上。

冲浪

潟湖是风帆冲浪和风筝冲浪的理想之地。几乎所有酒店都免费提供冲浪板和冲浪课程。高阶冲浪者可以体验6月至10月莫纳布拉班特半岛南端的富有挑战性的地形。8月中旬的风筝节，将在岛上的几个地方举办风筝冲浪活动，观众都非常期待。毛里求斯也是风筝冲浪专业世界巡回赛（@ www.kspworldtour.com）的举办地。冲浪班：辛巴达（Simbadad 🏠 Cap Malheureux 📞52 5 18 50 @ www.sindbad.mu）、离子俱乐部（Ionclub 🏠 Le Morne 📞4 0 41 12 @ www.ionclubmauritius.com）和风筝全球（Kiteglobing 🏠 Bel Ombre 📞57 17 53 48 @ www.kiteglobing.com）。

潜水

每艘潜艇可以在短时间内乘船抵达50多个不同深度的区域。潜水班，比如在鹿洞和马勒勒角提供所有难度级别的课程。经验丰富的潜水员可以携带证书、潜水日志和潜水健身证明。安全潜水的标准和程序由毛里求斯潜水协会（Mauritian Scuba Diving Association 📞4 54 00 11 @ www.ada.mu）管理，潜水中心隶属于毛里求斯潜水协会。

徒步旅行

东部和南部的山脉特别适合远足。游览旧港的狮子山（海拔480米，1.5小时），或者在路易港的勒普斯山（海拔812米）山顶上待上两到三个小时，都可以欣赏到美景。登山者和垂直世界（🏠居尔皮普 📞6 97 54 30 @ www.verticalworldltd.com）攀登皮埃特·博斯山（海拔823米）。西部的雁行（Yanature 📞57 85 61 77 @ www.yanature.com）和南部的查萨尔生态旅游（Chazal Ecotourism 🏠 Chamouny 📞54 22 31 17 @ www.chazalecotourismmauritius.com）都提供有专业指导的徒步旅行。

保健

毛里求斯的高档酒店提供各种优质的保健服务，包括高品质的产品和传统技术，如阿育吠陀、反射疗法或指压按摩，结合现代疗法和典雅的氛围，确保客人的完美体验。您可以在南部加莱河畔的香提莫里斯水疗度假村（P.78）享受到完整的服务，包括营养均衡的美食。毛里求斯四季度假村（Four Seasons Mauritius at Anahita 🏠博尚 📞4 02 31 00 @ www.Fourseasons.com）提供瑜伽、灵气疗法、太极拳、气功和冥想课程。位于沃尔马的马拉迪瓦别墅度假酒店和水疗中心（Maradiva Villas Resort & Spa 🏠 Wolmar 📞4 03 15 00 @ www.maradiva.com）的专业技师可以同时服务两个人。

带着孩子旅行

毛里求斯欢迎孩子来玩,大概是因为毛里求斯并不鲜见有6个甚至更多孩子的家庭。

毛里求斯人对孩子非常友好。如果您与孩子一起来到餐厅或者商店,人们会马上接近并服务孩子。您可以在毛里求斯的超市轻松地找到婴儿食品或尿布。任何情况下,行李箱都应该带着泳装、防水的防晒霜和遮阳帽,还有可以防止海胆和锋利珊瑚碎片的拖鞋。在没有危险水流的较浅温暖的潟湖,孩子们可以无忧无虑地在水里玩耍,或者在海滩上用沙子和贝壳搭建城堡。

海滨酒店一般适合家庭入住。但是,如果您想带孩子来毛里求斯,您应该在预订酒店时确保所选择自住宿适合孩子。浅泳池和丰富多枝的休闲项目一定要去。儿童折扣椎据季节会有所不同。还有迷你俱另部、照顾3~12岁的专业儿童日托中心,从早晨到傍晚都提供各种活动,虽然大多数活动是用英语或法语进行的,但各个国家的孩子都可以很容易融入进去。一些酒店还为青少年提付一些适合他们参与的休闲项目,b如爱舟酒店(P.87)、蜜糖海滩酒厂(Sugar Beach 🏠 沃尔马 @ www

玩水乐趣和热带生活：在毛里求斯，孩子们可以在海中嬉戏，也可以探索异国文化。

gbeachresort.com）和长滩酒店 Long Beach 🏠 贝尔马尔 @ www.ongbeachmauritius.com）。阳光儿童俱乐部的工作人员不让您感到无聊，提供包括短途旅行及"迪斯科之夜"的活动。酒店还提供有网络和配备各种游戏的电脑。有俱乐部活动都是免费的。

北部

SSR植物园（折页E5）

令人惊叹的热带动植物天堂，有超过80种不同类型的棕榈树、巨型睡莲和香料树。当地导游会为游客讲解各种珍贵植物。🏠 庞普勒穆斯 🕗 8:00—17:00 ¥ 门票200卢比，导游费每人50卢比

毛里求斯

毛里求斯水族馆（折页D5）
　　参观拥有200多种鱼类的水族馆，孩子可以体验毛里求斯周围多彩的海底世界。每日的 当地精藏 **11:00和15:00是喂食时间**。🏠 Coastal Road, 皮蒙特角 🕘 周一至周六9:30—17:00，周日10:00—16:00 ¥ 门票300卢比，儿童150卢比 @ www.mauritiusaquarium.com

佩雷贝勒海滩（Péreybère Beach）（折页E3）
　　这个海滩是受欢迎的海滨度假胜地，在这里，孩子们可以在许多当地家庭中享受玩闹的乐趣。佩雷贝勒酒店位于大海湾的喧嚣之中，餐厅、商店和咖啡馆距离酒店有几分钟的路程。

水下之旅（折页D3）
　　蓝色潜水艇为潜水的人提供真正的潜水艇（¥ 一共约4 900卢比，3岁以下儿童1 400卢比，4~12岁3 050卢比），可以欣赏水下的景观。水下摩托车（¥ 12岁以上，双人车6 500卢比，单人4 900卢比）也很特别。🏠 Bei Le Pescatore, Trouaux Biches 📞 2 63 33 33 @ www.blue-safari.com

路易港

游乐场（折页b2）
　　在海边，孩子们可以在露天游乐场玩耍。灯塔和船是木质结构，有绳索、网和滑梯，孩子可以在这里体会到探险的感觉。🏠 路易港水门 ¥ 儿童门票50卢比

东部

亲子露营 👽（折页G8）
　　住在欧坦泰克（Otentic）小屋自然生活：一共有12个野外帐篷，每个帐篷里可以容纳2个成人和3个孩子。浴室由老房子的木板堆成，床垫放在木板上，薯条罐用作抽屉柜。太阳能供电，雨水得到储存。¥ 一晚约7 000卢比，两晚12 000卢比 📞 59 45 48 88 @ www.otentic.mu

当地精藏 **特罗西亚**（折页H7-8）
　　在鹿洞，成人和4岁以上的儿童都可以通过高空滑索、网和吊桥安全地穿越森林。此外，在塞巴斯托波尔（Sébastopol）附近的莱哥瓦勒山上（折页F8），特罗西亚提供小型汽车，四轮摩托车供孩子们骑行。¥ 成人1 000卢比，儿童500卢比 📞 57 2 10 50 @ www.terrocean.mu

西南

查萨尔生态旅游（折页C11）
　　4岁及以上的儿童可以在圣菲利克斯附近的峡谷和河流上安全滑行。也有途经甘蔗林和香蕉树的小型徒步旅行。🏠 Impasse de La Foret Chamouny ¥ 包括餐费2 300卢比，儿童1 600卢比 📞 54 22 31 17

当地精藏 **夏马尔好奇之角**（折页B10）
　　在这个幻象之屋里，世界颠倒了：您会站在厨房的天花板上，看起来像一个巨人，而房间里的其他人看起来很小。不管是大人还是孩子都能在这里找到乐趣。🏠 Ba du Cap Road, Chamarel 🕘 9:30—

带着孩子旅行

孩子非常受欢迎:在毛里求斯,小孩子总是被抱在手上

7:00 ¥门票350卢比,儿童(3~12岁)200卢比 @ www.curiouscornerofchamarel.com

乌木森林(Ebony Forest)(折页B10)

您和您的孩子首先会在一个房间里了解到毛里求斯火山爆发的历史以及曾经生活在这里的独特的动植物,然后会有人带您穿过乌木森林。非常轻松的旅行(适合6岁以上的儿童),几乎就像散步一样,但也有更难一些的(10岁以上),比如到山脊上,可以欣赏到东南沿海和莫纳山的美景。 Colored Earth Road, Chamarel ⓒ 9:00—17:00 ¥门票1650卢比,儿童210卢比 📞 58 65 53 @ www.ebonyforest.com

尼尔自然公园(折页D11)

公园里除了鳄鱼,还有猴子和海龟。孩子们喜欢游乐场和小马俱乐部。您可以协助喂海龟,还能带孩子体验给鳄鱼喂食(ⓒ 11:00)。 Savanne Road, Rivière des Anguilles ⓒ 8:30—17:00 ¥门票490卢比,儿童250卢比

西部

卡塞拉自然休闲公园(折页B8)

孩子们会对这里鸟类的多种多样感到惊讶。狐猴和猴子、袋鼠和小袋鼠有什么区别?这里有答案!孩子们可以喂长颈鹿(200卢比)并在团体徒步旅行中看到鸵鸟和斑马(包含在门票中)。您还可以看到羚羊、骆驼和河马。这里还提供迷你高尔夫、充气城堡和钓鱼。 Royal Road,卡斯卡韦勒 ⓒ 9:00—17:00 ¥门票800卢比,儿童(3~12岁)550卢比

每月节庆与活动

从印度教的排灯节到中国的春节：毛里求斯是文化和宗教的大熔炉。印度教徒、基督徒、佛教徒、穆斯林和道教徒为毛里求斯带来了节日的多样性。不同的节日很少"撞车"，它们一般较为平均地分布在一整年内。因此您可以在出发前了解一下旅行的时候都有什么节日。

节日/活动

1月/2月

新年的第一天主要是家庭庆祝。在小村子里，游客可能会被请到村民家中。

★扎针节：这个印度教节日是岛上最壮观的节日。经过数周的禁食和冥想，泰米尔人会在这天往脸、舌、胸或背上扎针。他们身上都有彩色装饰的木头架子，架子两侧挂着牛奶罐，不能溢出或漏出一点。

●中国春节：这个时候，中国家庭会用幸运的红色装饰整个房子。在寺庙里供奉祭品，在路易港的街道上游行、放鞭炮。

2月/3月

湿婆神节：是印度以外最大的印度教节日，以纪念湿婆神。数万身穿白衣的信徒前往神圣的火山湖圣水湖进行洗浴和祭祀仪式。

3月

洒红节（Holi）：印度教的色彩节，号召每个人走上街头。它象征着善战胜了恶。在这个节日里，人们用彩色粉末互相抛洒，甚至路人都不能幸免。

3月/4月

印度新年：印度安得拉邦人的传统新年，是印历新年的开始。人们祈祷并许下美好心愿。

8月/9月

甘尼许节（Ganesh Chaturthi）：

度教节日，为了纪念象头人身的大象神"甘尼许"的诞辰。

月

★拉瓦尔神父日（Père Laval ag）：9月9日，即拉瓦尔神父去世的那一天，当地各教派的人都前往圣十字架教堂去朝圣为穷人和奴隶奉献的国家圣人的坟墓。

0月/11月

当地锦囊 ▶ 排灯节：印度教中为纪念拉克希米女神而举办的节日，希望为家庭带来幸福和财富。人们会把房屋用蜡烛、油灯和灯光链装饰起来。

1月/12月

波尔威节（Porlwi）：11月底、12月初，整个路易港都会被照亮。9:00—24:00还有街头音乐、小吃摊、艺术展和演出。市中心禁止车辆通行，商店开放。@ www.porlwi.com

浴佛节（Ganga Asnan）：海边的印度教节日。当圣河恒河流入印度洋时，在恒河水中沐浴会被净化并被赋予新的力量。

度火节（Teemeedee）：全年整个毛里求斯都会庆祝的泰米尔节日，但主要是从11月到次年2月：重点是会在闪着光的煤炭走过。

节庆日

1月1日	新年
2月1日	奴隶解放日（Abolition of Slavery）
3月12日	国庆日
5月1日	劳动节
8月15日	圣母升天节（Assumption of the Blessed Virgin Mary）
11月1日	万圣节
11月2日	契约劳工抵埠纪念日（1835）（Arrival of Indentured Labourers）
12月25日	圣诞节

旅行随时查

网页／博客

www.marcopolo.de/mauritius　该网址是您的在线旅游指南，它包含了所有重要信息：旅行亮点和锦囊、互动路线规划、令人兴奋的新闻报道以及鼓舞人心的图册。

www.mauritian-wildlife.org　毛里求斯的野生动物多在西南部的丛林中以及无人居住的岛屿上活动，人们在沙滩酒吧旁很少看到它们。自然保护主义者试图在这些丛林中以及岛屿上重新繁育原始的动植物群。

short.travel/mau1　如何在技术监督中心（TÜV）购买一辆毛里求斯的印度摩托车？尽管并不是每个人都对此感兴趣，但是即使是最刁钻的关于岛上日常生活的问题，您也可以在该网页上找到准确的答案。

myweetmauritius.blogspot.com　该网站是一位法国女士的博客。这位法国女士在毛里求斯已经居住多年，她在博客里详细地介绍了毛里求斯的商店、餐厅以及酒店，博客里还包含了图片，图文并茂。

defimedia.info　在该网页上，您可以找到用法语报道的有关毛里求斯政治、经济以及社会的新闻。

www.tourism-mauritius.mu/de　这是毛里求斯旅游局的官方网址。通过该网页，您可以找到在毛里求斯旅游的所有重要信息。在"计划"这一板块，您可以了解到目前毛里求斯正在欢庆哪些节日。

www.einmauritius.net　"胜利"这一组织一直致力于维护妇女的权利。在该网页，您可以找到像"男人反对暴力"这种主题的政治运动的相关信息。

www.operamauritius.com　在该网页上，您可以找到毛里求斯当地的歌剧表演和古典音乐会概述。

> 无论是准备出行还是已到达，这些网址和信息都能够为您的旅行提供帮助。

mauritiusphotography.bolg.com 该博客每周都会介绍岛上的一个小地点。这些小地点有些是众所周知的，有些是被人们忽视的。该博客慢慢形成了有关这些地点的档案。

short.travel/mau10 您想去剧院？或者您更想去看一个展览？在该网页，您可以找到在毛里求斯艺术和文化领域的展览的概况。这些概况是按照展览类别以及展览地点进行分类的。其相对应的手机应用软件名叫"公报（法语名称为La Gazette）"。

www.radiomoris.com 在该网页，您可以了解到来自毛里求斯音乐现场的新鲜事。除了可以试听，网站上还有音频链接。

www.podcast.de 如果您想将天堂、奢侈品和动感运动等术语同岛屿联系起来的话，那么您就可以在该网站的毛里求斯标题下找到有关这个国家的各个方面的资讯。

www.last.fm/tag/mauritius 在该网站上，您可以听到门沃、埃里克·特里顿（Eric Triton）、阿兰·拉姆尼萨姆（Alain Ramanisum）等毛里求斯音乐家的音乐。网站上还有部分视频资源。

Mauritius Radio 毛里求斯是日益全球化的世界的写照。您想听印度热门歌曲、中国民间传说、法国经典曲目、英国流行音乐、赛加音乐还是赛加与雷鬼的混合乐？这一广播电台考虑到了众多文化。通过这一手机应用，人们可以接收到岛上的15个节目。

Mauritius News/Newpapers 如果您想要知道岛到底发生了什么，那么这一手机应用将为您提供实时新闻——涉及的主题有政治、体育运动、文化节日。从博客到视频，应有尽有。

The Big Guide of Mauritius Island 如果一张图片所表达的含义超过千言万语，那么视频、电影又能表达什么呢？在这一苹果手机应用上，您可以找到15个毛里求斯最重要的名胜古迹以及最有意义的宗教节日。

本出版社对以上网址提供的内容概不负责。

实用信息

航空出入境

目前北京、上海、广州、成都、武汉、香港有往返毛里求斯的航班，航程约为9~11小时。毛里求斯唯一的国际机场是SSR机场（📞 6 03 60 00）。

问询中心

毛里求斯旅游推广局（MTPA）

🏠 Air Mauritius Centre, 11th Floor, President Kennedy Street, Port Louis 📞 2 03 19 00 @ www.tourism-mauritius.mu

驾车

在毛里求斯，人们遵守靠左行驶的交通规则。在环形交叉路口，人们在左前方右转。密集的居民聚居区限速50千米/小时，乡间公路上限速80千米/小时，高速公路上限速110千米/小时。在南部机场以及北部大海湾间的高速公路已经建好。剩余大约1 600千米长的公路网主要由狭窄蜿蜒的乡村道路组成。加油站可提供停车票（每张停车票的有效时间为30分钟），因此您必须注意停车票上的日期和时间。

租赁船只

在毛里求斯，只有快艇船长才能租赁摩托艇。因此，您无法独自行船探索大海。您可以在酒店租赁小型帆船和皮划艇，在礁内独自旅行。

公交

几乎在全岛每个地方都可以乘坐到公交。这是一个物美价廉的出行方式，您可以由此了解到普通居民的日常生活。每个城市都有一个公交总站。在市中心，首班公交每日5:30发车，20:00回程收车；而在乡村的公交6:30发车，18:30回程收车。公交车票只能在售票员那里购买。

签证

中国内地公民前往毛里求斯短期旅行或商务访问，如持有往返机票和酒店预订单，可享受免签的待遇，

绿色出行

旅行时，您也可以改变世界，比如时刻提醒自己在旅程中尽量选择较少二氧化碳排放的交通方式，学习如何以环保的方式规划您的路线。同时也要注意，尽量保护旅行国家的自然和文化。作为游客，保护自然环境、保护区域特色、减少自驾、节约用水等保护生态环境的举措是非常重要的，请务必多加关注。

从开始到结束：旅行中不可或缺的信息。

最长可停留60天。在飞往毛里求斯的飞机上需要填写入境卡和健康卡，入境时交给机场办理入境的人员。如旅游或商务访问的时间超过60天，需要到毛里求斯驻中国大使馆办理签证，办理时间7个工作日，费用为20美元。

使馆

中国驻毛里求斯大使馆

🏠 Royal Road, Belle Rose, Rose ill 📞 00230-4 67 46 00（总机）；4 66 37 16（转8001）（领事部）；4 6 24 72（经商处）；2 08 85 95（文化中心）@ www.ambchine.mu/chn

出入境

对于长达3个月的停留，您需要一本在旅程结束后依然有效的护照，孩子需要一本儿童护照。那些从霍乱或黄热病区过来的游客，必须提交疫苗接种证明。

货币与银行

毛里求斯卢比与人民币的汇率约为5:1，在机场用卢比进行交易是最方便的。旅行支票也是可以接受的。酒店的汇率往往不划算。在所有较大的城区都会有银行（🕐 周一至周四9:15—15:15，周五9:15—17:00）。人们也可以使用信用卡在自动取款机处取款，在一些酒店或者较大的商店这也是可行的。

健康

在毛里求斯没有流行性热带病，您也不用害怕这里有有毒的动物。在这个岛屿上几乎不存在疟疾。但是，防晒是必不可少的，携带驱蚊剂也是明智之举。此外，人们不应该饮用动力水。由于海胆和尖锐的珊瑚，您应该在浅水中穿着沐浴鞋。在浅水中游玩之后，就算您身上没有伤口，也需要立即对身体进行冲洗和消毒。就算您是医生也应该远离海胆、海蜇。药店中供应的药均符合发达国家标准。当您需要就医时，必须在免费为游客

它们值多少钱

小吃　约12卢比
　　　小吃摊的3个饺子

咖啡　约120卢比
　　　酒店中的一杯咖啡

葡萄酒　约240卢比
　　　0.25L的玻璃瓶

汽油　约50卢比
　　　1L汽油

出租车　约500卢比
　　　每小时

毛里求斯

治疗的公立诊所以及需要支付治疗费用的私人诊所之间做选择。当您患上严重疾病时,建议您去私人诊所进行治疗。一些药是禁止出口的,您必须拿着医生开的药方去购买原装药。

医院

维尔肯医院(Wellkin Hostital 🏠 莫卡 📞 6 05 10 00)

达那诊所(Clinique Darnè 🏠 Rue Georges,弗洛雷亚尔 📞 6 01 23 00)

北部诊所(Clinique du Nord 🏠 Royal Road,Baie du Tombeau 📞 2 47 25 32)

接种疫苗

人们应该自觉接种或者补种脊髓灰质炎、白喉、流行性腮腺炎、麻疹、风疹、破伤风和甲型肝炎疫苗。

网络

大多数酒店都为客人们提供需要收费的网络接口。许多餐饮、购物场所和住宿地都有无线网络。

服饰

推荐您穿着舒适轻便的海滩和街头服装。在城市里以及用餐时,请您不要携带游泳用品。在毛里求斯,男士大敞衬衫被视作不礼貌的。在一些高级酒店,打领带是没有必要的。在6月到9月的晚上,人们可以穿着轻便的毛衣。当您去热带地区旅行时,必须在行李中放上雨衣或者雨伞。

气候

毛里求斯的旅游旺季是11月至次年4月。在这以外就是雨季,其湿度高达90%,但降水很少持续很长时间。毛里求斯夏季(11月到次年月)白天的平均气温约为30℃,水温可以达到27℃。在避风的西海岸,平均气温能高出3~4℃,中部高地要低5℃。冬季(5月到10月)的温度要比夏季低5℃。您可以登录 @ www.mauritius-weather.net了解毛里求斯当前的天气,或者冲浪前登陆 @ www.windguru.cz了解风况。

安全问题

毛里求斯是一个很安全的旅游国家。尽管如此,我们也建议游客避开比较偏远的海滩和较贫穷的居民区,特别是在天黑以后。因为这里也可能发生刑事犯罪。在人较多的地方,要对扒手有所警惕。当您在银行取完一大笔钱后,离开银行时要更加小心。

计量单位

尽管在1994年才正式引入了公制计量单位体系,但是千米、英里、盎克以及磅这些计量单位在这里都是被广泛使用的。

媒体

在这里一共有3家用法语、英语以及印地语播放的电视台。在大型的酒店中还有一些像"卫星电视(Satelliten-TV)"一类的电视频道。您还可以登录www.lexpress

实用信息

nu，www.lemauricien.com以及www.matinal.com 等网站，在法语版的日上获取最新新闻信息。

租车

租车的起步价为每日50卢比，其包括15%的税以及保险。租车人的最低年龄为21岁。在12月以及1月旺时，建议您及时预订车辆。

摩托车

您几乎可以在岛上任何地方租摩托车。但是，天黑以后您不应该出游逛，而且当您在城市车流中开时，请您不要着急。转弯时，不要单依靠转弯信号灯，还要伸出手示。乘客可以这样做：例如，如果您向左转，那么您的右臂向上伸展，微微向左倾斜；想要向右转时，就把臂向右伸展。

紧急呼叫

急救和火警 ☏ 995
报警 ☏ 999

营业时间

店铺一般在周一至周六的9点到2点之间开门营业，关门时间根据地而有所不同，但很多店铺总是关门早。在路易港，店铺一般17:00关；在居尔皮普和其他城市18:00关。但是在周四，商店在中午12:00就经关门了。同样的，路易港在周日是12:00关门。大多数的超市从早上30到晚上19:00营业，集市在6:00—18:00之间举办，只有少部分集市是在8:00前开始营业的。

邮局

在路易港的港口以及居尔皮普的市场附近有大型邮局，但是几乎在每个村庄都有一个小邮局。办公 ⊙ 周一至周五8:15—16:00，周六8:15—11:45

语言

虽然在毛里求斯所有人都能掌握并且用于交谈的语言是克里奥尔语，但是其官方语言是英语。这样的话，游客们在旅途中以及在酒店内都可以自在应对。还有很多人讲法语。

海边小贩

在毛里求斯，只要有游客的地方就有海边小贩。如果小贩给出的价格超过您的接受范围，您可以离开。当地的手工艺品通常是廉价的进口商品。您在商店里环顾一下四周，就可以大约估计出这里商品的价格水平。这之后您将能够和海边小贩更好地讨价还价。

用电

毛里求斯的电压为220V或230V。您需要一个英标插头。您可以在岛上的酒店里购买到适配器。

出租车

毛里求斯的出租车几乎都没有计

毛里求斯

价器。在乘坐出租车前，您必须和司机协商好路费，并且每千米不应该超过60卢比。从机场到路易港大约要花费2 000卢比。您也可以租用计程车一整天，这样比较方便而且经济实惠。

电话

毛里求斯的电话区号是00230，中国内地的区号是0086。

D1、D2以及O2网络手机在毛里求斯是可以正常运行的。接听电话通常需要颇高的漫游费。电子邮箱也可能会导致高额的话费，因此在未出行之前，请您最好先将电子邮箱关闭！您可以从供应商爱尔特公司（Emtel）以及毛里求斯移动（Mauritius Telecom）购买SIM卡。此外，许多商店也出售SIM卡。您也可以直接使用酒店中的📞通话一分钟花费400卢比。

小费

服务费和15%的税通常已经包含在商品的售价中了。不过，小费最多不会超过消费额的10%。搬运工每搬运一个箱子可以获得20卢比。如果您在酒店住宿的话，您应该每日给服务员25卢比。在支付出租车车费时，人们通常也会将车费凑成整数。

时间

毛里求斯使用东四区时间，比北京时间晚4个小时，当地没有夏令时。

关税

当您抵达毛里求斯时，16岁以上的游客允许无税引进200支香烟、50支雪茄或者250克烟草、1升酒和2升葡萄酒、啤酒或者25毫升淡香水。禁止带武器、麻醉剂、水果、蔬菜、肉以及植物等入境。

实用信息

毛里求斯天气

	1月	2月	3月	4月	5月	6月	7月	8月	9月	10月	11月	12月
日间气温（°C）	31	30	30	29	27	26	25	25	26	27	29	30
夜间气温（°C）	22	23	22	21	19	18	17	17	17	18	20	21
☀ 每天日照时长	8	8	7	7	6	6	6	6	7	7	8	8
☂ 每月降雨天数	17	16	18	17	14	15	16	16	10	8	9	12
≋ 水温（℃）	27	27	27	27	25	25	23	22	23	23	24	25

☀ 每天日照时长　☂ 每月降雨天数　≋ 水温（℃）

教你当地话

常用表达

是/不是/也许	oui/non/peut-être
请/不客气/谢谢	s'il vous plaît/merci
早上好！/您好！/晚上好！/晚安！	Bonjour!/Bonjour!
嗨！/再见！	Bonsoir!/Bonne nuit!
抱歉！	Salut!/Au revoir!
请再说一遍。	Pardon!
我叫……	Je m'appelle ...
我来自……	Je suis de ...
我能……吗?	Puis-je ...?
请您再说一遍	Comment?
……多少钱?	Je voudrais ...
我想要……/您有……吗	Combien coûte ...?
我(不)喜欢……	Ça (ne) me plaît (pas) ...
好/不好/较差	bon/mauvais/cassé
太多/多/少	trop/beaucoup/peu
一切/没有	tout/rien
救命！/警告！	Au secours!/Attention!
警察/消防	police/pompiers
救护车	ambulance

日期/时间

周一/周二	lundi/mardi
周三/周四	mercredi/jeudi
周五/周六	vendredi/samedi
周日	dimanche
工作日/节日	jour ouvrable/jour férié
今天/明天/昨天	aujourd'hui/demain/hier
小时/分钟	heure/minute
日/夜/周	jour/nuit/semaine
月/年	mois/année
几点了?	Quelle heure est-t-il?
现在3点了。	Il est trois heures.
现在3点半。	Il est trois heures et demi.
3:45。	quatre heures moins le quart.
4:15。	quatre heures et quart.

您会说法语吗?
这里有重要的常用词汇和表达方式。

交通

开门/关门	ouvert/fermé
入口/出口	entrée/sortie
起飞/降落/到达	départ/départ/arrivée
卫生间/女士/先生	toilettes/femmes/hommes
(非)饮用水	eau (non) potable
……在哪儿?	Où est ... ?/Où sont ... ?
左边/右边	à gauche/à droite
一直向前/返回	tout droit/en arrière
近的/远的	près/loin
公交车/轻轨/地铁/出租车	bus/tramway/métro/taxi
地铁/车站	arrêt/station de taxi
停车位/停车场	parking
城市地图/地图	plan de ville/carte routière
火车站/港口/飞机场	gare/port/aéroport
时刻表/车票	horaire/billet
单程/往返	aller simple/aller-retour
火车/铁轨/站台	train/voie/quai
我想要租……	Je voudrais ... louer.
汽车/自行车	une voiture/un vélo
船	un bateau
加油站	station d'essence
汽油/柴油	essence/diese

美食

请拿菜单。	La carte, s'il vous plaît.
我想要点……	Puis-je avoir ... s'il vous plaît?
瓶/大腹瓶/玻璃杯	bouteille/carafe/verre
刀/叉/勺	couteau/fourchette/cuillère
盐/胡椒/糖	sel/poivre/sucre
醋/油	vinaigre/huile
奶/奶油/柠檬	lait/crême/citron
冷/加盐太多/一点也不	froid/trop salé/pas cuit
有冰/没有冰/碳酸	avec glaçons/sans glaçons/gaz

毛里求斯

素食主义者	végétarien(ne)
您好，我想付款。	Je voudrais payer，s'il vous plaît
账单/小费	addition/reçu

购物

药店/美容、保健品店	pharmacie/droguerie
面包店/市场	boulangerie/marché
购物中心	centre commercial
日用品商店	grand magasin
100克/1千克	cent grammes/un kilo
昂贵/便宜/价格	cher/bon marché/prix
多一些/少一些	plus/moins
有机日用品	de l'agriculture biologique

住宿

我预订了一个房间。	J'ai réservé une chambre.
您还有……吗?	Avez-vous encore ...?
单人间/双人间	chambre simple/double
早餐	petit déjeuner
半食宿/食宿全包	demi-pension/pension complète
淋浴/浴缸	douche/bain
阳台/露台	balcon/terrasse
钥匙/房卡	clé/carte magnétique
行李/箱子/手提包	bagages/valise/sac

银行/货币

银行/自动柜员机	banque/guichet automatique
密码	code
现款的/信用卡	comptant/carte de crédit
纸币/硬币	billet/monnaie

健康

医生/牙医/儿科医生	médecin/dentiste/pédiatre
医院	hôpital/urgences
发烧/疼痛	fièvre/douleurs
腹泻/呕吐	diarrhée/nausée

教你当地话

晒伤	coup de soleil
发炎的/受伤的	enflammé/blessé
创可贴/绷带	pansement/bandage
药膏/止痛片	pommade/analgésique

通信

邮票	timbre
信/明信片	lettre/carte postale
我需要一张电话卡来上网。	J'ai besoin d'une carte téléphonique pour fixe.
我正在为我的手机寻找预付卡	Je cherche une recharge pour mon portable.
我在哪里可以接入网络?	Où puis-je trouver un accès à internet?
选择/联系/被占用的	composer/connection/occupé
插座/充电器	prise électrique/chargeur
符号@	ordinateur/batterie/accumulateur
网络/电子邮箱地址	arobase
网络连接/无线网络	adresse internet/mail
电子邮件/数据/打印	accès internet/wi-fi

休闲/运动

沙滩	plage
太阳伞/躺椅	parasol/transat
退潮/涨潮/水流	marée basse/marée haute/courant
索道/敞开式缆车	téléphérique/télésiège
避难所/雪崩	refuge/avalanche

数字

	zéro	8	huit
	un, une	9	neuf
	deux	10	dix
	trois	20	vingt
	quatre	100	cent
	cinq	1 000	mille
	six	1/2	un demi
	sept	1/4	un quart

教你当地话

常用表达

是/不是/也许	yes/no/maybe
请/不客气/谢谢	please/thank you
抱歉！	Sorry!
打扰一下！	Excuse me!
我能……吗？	May I ...?
请您再说一遍	Pardon?
我想要……/您有……吗	I would like to .../Have you got ...?
……多少钱？	How much is ...?
我（不）喜欢……	I (don't) like this.
好/不好	good/bad
开着的/关闭的	open/closed
坏的/运行不了的	broken/doesn't work
救命！/警告！/小心！	Help!/Attention!/Caution!

问候

早上好！/日安！	Good morning!/Good afternoon!
晚上好！/晚安！	Good evening!/Good night!
您好！/再见！	Hello!/Goodbye!
拜拜！	Bye!
我叫……	My name is ...
您叫什么？	What's your name?
我来自……	I'm from …

日期/时间

周一/周二	monday/tuesday
周三/周四	wednesday/thursday
周五/周六	friday/saturday
周日	sunday/weekday
工作日/节日	workday/holiday
今天/明天/昨天	today/tomorrow/yesterday
小时/分钟	hour/minutes
日/夜/周	day/night/week
月/年	month/year

您会说英语吗?
这里有重要的常用词汇和表达方式。

现在几点了?	What time is it?
现在3点了。	It's three o'clock.

交通

左边/右边	left/right
笔直向前/返回	straight ahead/back
近的/远的	near/far
入口/出口	entrance/exit
开门/关门	open the door/close the door
起飞/降落/到达	take off/land/arrival
我能拍照吗?	May I take a picture of you?
……在哪儿?	Where is ... ?/Where are ... ?
卫生间/女士/先生	toilets/ladies/gentlemen
公交车/轻轨	bus/tram
机场	airport
时刻表/车票	schedule/ticket
单程/往返	single/return
火车/铁轨/站台	(train) station/platform
我想要租……	I would like to rent ...
汽车/自行车	a car/a bicycle
加油站	petrol station
汽油/柴油	petrol/diesel oil
抛锚/工厂	breakdown/factory

美食

请您为我们今晚预订一张4人餐桌。	Could you please book a table for tonight for four?
请拿菜单。	The menue, please.
我想要点……	May I have ... ?
刀/叉/勺	knife/fork/spoon
盐/胡椒/糖	salt/pepper/sugar
醋/油	vinegar/oil
牛奶/奶油/柠檬	milk/cream/lemon
带有冰/不带冰/碳酸的	with ice/without ice/gas
素食者/过敏	vegetarian/allergy

毛里求斯

我想要结账。	May I have the bill, please?
账单/小费	invoice/receipt

购物

在哪里我可以找到……	Where can I find ...?
我想要……/我找……	I would like to .../I'm looking for ...
您能在CD上刻录照片吗?	Do you burn photos on CD?
药店/美容、保健品店	pharmacy/chemist
面包房/市场	bakery/market
杂货店	grocery
超市	supermarket
100克/1千克	100 gram/1 kilo
昂贵/便宜/价格	expensive/cheap/price
多一些/少一些	more/less
有机日用品	organic

住宿

我预订了一个房间。	I have booked a room.
您还有……吗?	Do you have any ... left?
单人间	single room
双人间	double room(Bei zwei Einzelbetten: twi room)
早餐/半食宿	breakfast/half-board
食宿全包	full-board
淋浴/浴缸	shower/bath
阳台/露台	balcony/terrace
钥匙/房卡	key/room card
行李/箱子/手提包	luggage/suitcase/bag

银行/货币

银行/自动柜员机	bank/ATM/cash machine
密码	password
我想兑换……美元。	I'd like to change ... dollars.
现款的/EC卡/信用卡	cash/ATM card/credit card
纸币/硬币	note/coin
零钱	change

教你当地话

通信

想买手机预付卡	I'm looking for a prepaid card.
我在哪里可以接入网络?	Where can I find internet access?
我需要特殊的区号吗?	Do I need a special area code?
电脑/电池/蓄电池	computer/battery/rechargeable battery
"At"符号(@)	at symbol
网络连接/无线网络	internet connection/Wifi (auch: Wireless LAN)
电子邮件/数据/打印	email/data/print

数字

0	zero	18	eighteen
1	one	19	nineteen
2	two	20	twenty
3	three	21	twenty-one
4	four	30	thirty
5	five	40	fourty
6	six	50	fifty
7	seven	60	sixty
8	eight	70	seventy
9	nine	80	eighty
10	ten	90	ninety
11	eleven	100	(one) hundred
12	twelve	200	two hundred
13	thirteen	1 000	(one) thousand
14	fourteen	2 000	two thousand
15	fifteen	10 000	ten thousand
16	sixteen	1/2	a/one half
17	seventeen	1/4	a/one quarter

索引

Aapravasi Ghat 阿普拉瓦西·加特 16、50
Abercrombie 阿伯克龙比 33、59
Anse La Raie 安斯拉雷 43
Arsenal 阿森纳 33
Baie aux Tortues（Turtle Bay）海龟湾 44
Baie du Cap 海角海湾 76、93、94
Bain Boeuf 贝恩贝夫 43
Balaclava 巴拉克拉瓦 44、45
Bananes 巴纳尼 67
Beau Bassin 博巴森 83、87
Beau Champ 博尚 67、94、107
Bel Air 贝莱尔 63、64、98
Bel Ombre 贝隆布尔 76、94、96、98、105
Belle Mare 贝尔马尔 61、62、63、95、105、109
Black River 黑河 73、100、102、103
Black River Gorges 黑河谷 73、100、101、103、104
Black River Gorges National Park 黑河谷国家公园 13、、70、72、73、94、102、105
Black River Peak 小黑山峰 70、73、99、100
Black River Waterfall 黑河瀑布 73、100
Blue Bay 蓝湾 21、64、65、67、104
Blue Bay Marine Park 蓝湾海洋公园 21、67
Blue Mauritius 蓝色毛里求斯 18、22、50、51
Blue Penny Museum 蓝色便士博物馆 22、50
Bois Chéri Tea Factory 博伊斯·谢里茶叶工厂 77、79
Bois des Amourettes 爱情林 98
Botanical Garden（Curepipe）植物园（居尔皮普）16、81、84
Camp de Masque 康телеcasts马斯克 64、98
Cap Malheureux 马勒勒角 42、43、44、95、104、107
Cascavelle 卡斯卡韦勒 18、32、85、86、111
Casela Nature Park 卡塞拉自然休闲公园 83、85、111
Le Caudan Waterfront 科当水门 16、17、32、33、48、50、51、55、56、57、58、96
Central Market 中央市场 51、54、56
Centre de Flacq 弗拉克中心村 33、63、64、95、98
Chamarel 夏马尔 71、72、74、99、100、101

Chamarel Waterfall 夏马尔瀑布 71、100
Champ de Mars Racecourse 战神广场 17、50、5°
Château de Labourdonnais 拉波多内城堡 42
Chemin Grenier 舍曼格勒涅 73、79
Chinatown（Port Louis）唐人街（路易港）51、52、55
Coin de Mire 米尔考恩 38、42、43
Curepipe 居尔皮普 15、16、25、33、80、81、82、83、84、85、88、94、99、104、107、119
Curious Corner of Chamarel 夏马尔好奇之角 101、110
Cybercity 数码城 12、88
Dodo 渡渡鸟 18、27、32、52
Domaine de Lagrave 拉格沃夫山庄 14、67
Domaine des Aubineaux 奥宾诺山庄 25、82
Eureka 尤里卡 25、51、58
Ferney Valley 费尔奈谷 63、66、68、96、97、10
Flic en Flac 佛力克昂佛勒克 18、21、28、32、80、84、85、86、87、91
Floréal 弗洛雷亚尔 32、33、80、83、84、118
Fort Adelaide 阿得莱德堡 51
Frederik Henrik Museum 弗雷德里克·亨里克博物馆 69、98
Goodlands 古德兰兹 17、33、34、40、95
Government House（Port Louis）政府大楼（路易港）25、49、53
Grand Baie 大海湾 17、18、21、28、32、34、35、36、37、38、39、40、42、43、96、104、106、110、116
Grand Bassin 圣水湖 19、73、74、99、112
Grand Gaube 格兰高伯 40、43
Grande Rivière Noire 黑河区 21、74、106
Grande Rivière SudEst 东南大河 67
Gris Gris Beach 格里格里海滩 77、78
Île aux Aigrettes 白鹭岛 14、68
Île aux Bénitiers 贝尼提耶岛 14、21、76、86
Île aux Cerfs 鹿岛 15、19、60、63、68、69、94、105
Île aux Cocos 科科斯岛 79
Île d'Ambre 琥珀岛 25、40
Île de la Passe 帕斯岛 64、98
Île Ronde 圆岛 42

在此可查询书中涉及的重要人名、地名和其他专有名词，后附相关页码。

ot Gabriel 加布里埃尔岛 38
ummah Mosque 朱玛清真寺 52、53
alaisson Temple 卡莱森寺 59
'Aventure du Sucre 蔗糖博物馆 14、26、41
a Gaulette 拉高莱特 14、75、76
a Vanille Nature Park 凡尼尔自然公园 79、111
e Domaine de l'Etoile 莱图瓦勒山庄 20、106、10
e Morne Brabant 莫纳山 19、24、74、75、76、94、100、104、105、107、111
e Pouce 勒普斯山 44、58、104、107
ion Mountain 狮子山 66、68、98、107
Macchabée 麦卡布 73、100、102、103
Mahébourg 马埃堡 14、18、25、63、64、65、6、67、68、69、80、94、96、97
Mapou 马普 42
Mare aux Vacoas 瓦科阿水库 86、93
Markazi Mosque 马尔卡齐清真寺 52
Mauritius Aquarium 毛里求斯水族馆 44、110
Mauritius Institute 毛里求斯大学 25
Moka 莫卡 25、32、59、118
Mont Choisy 蒙舒瓦西 106
Montagne Bambous 班布斯山 60、62
Montagne Blanche 白山 63、64、98
Montagne du Rempart 堡垒山 89
Montagne Fayence 费昂斯山 64、98
Municipal Theatre（Port Louis）市歌剧院（路易港）54
Nam Shun Fooy Koon 南顺会馆 52
National History Museum（Mahébourg）国家历史博物馆（马埃堡）25、64、96
Natural History Museum（Port Louis）自然历史博物馆（路易港）18、27、51、52
Nicolière Mountains 尼科利耶山脉 46
Nicolière Reservoir 尼科利耶水库 14、46
Notre Dame des Anges 天使圣母院 64、94
Notre Dame de l'Auxiliatrice 红顶教堂 42、43、95
Nouvelle Découverte 努韦勒迪科沃特 14、46
One Eye 一只眼 75
Palmar Beach 帕尔玛海滩 61
Pamplemousses 庞普勒穆斯 16、25、26、29、4、37、40、42、58、59、96、109

Père Laval 拉瓦尔神父 58、113
Pereybere 佩雷贝勒 28、37、42、43、44、96、110
Pétrin 普特林 73、99、100
Phoenix 菲尼克斯 82、91
Photography Museum 摄影博物馆 51
Pieter Both 皮埃特·博斯山 58、107
Plaine Champagne 香槟平原 73、100
Plateau Remousse 高原纪念碑 103
Pointe aux Canonniers 康隆尼里角 37、38
Pointe aux Piments 皮曼特角 44、110
Pointe Bambou 旁布角 98
Pointe d'Esny 德斯尼角 67、94、106
Pointe du Diable 魔鬼角 94
Pointe Quatre Cocos 卡特可可角 60
Pointe Vacoas 瓦科阿角 37
Port Louis 路易港 17、18、22、24、25、32、33、34、40、48、49、52、55、56、57、58、59、80、92、93、107、110、112、113、119、120
Port Louis Waterfront 路易港水门 32、48、56、110
Port Mathurin 马蒂兰港 79
Poste de Flacq 弗拉克站 63、95
Postal Museum 邮政博物馆 53、54
Priest's Peak 祭司峰 58
Quatre Bornes 卡特勒博尔纳 32、33、86、87、88、89
Seewoosagur Ramgoolam 西沃萨古尔·拉姆古兰 12、25
Rivière Citron 柠檬河 44
Rivière des Anguilles 鳗鱼河 78
Rivière des Galets 加莱河 73、104、107
Rivière du Cap 开普河 72
Rivière du Rempart 朗帕河 89
Rivière Tamarin 塔马兰河 89、100
Robert Edward Hart 罗伯特·爱德华·哈特 16、77、94
Rochester Falls 罗切斯特瀑布 19、77
Rodrigues 罗德里格斯岛 79
Rose Hill 罗斯希尔 32、87、88、89
Royal College（Curepipe）居尔皮普皇家学院 25、

毛里求斯

Saint James Cathedral 圣詹姆斯教堂 52
Saint Louis Cathedral 圣路易斯教堂 52、78
St Anne Church 圣安妮教堂 58、71
Saint Cross Chapel 圣十字架教堂 58、59、113
St Hélène Church 圣海伦娜教堂 82
Saint Thérèse Church 圣特里萨教堂 82、99
Savanne Mountains 萨凡纳山脉 73
Sébastopol 塞瓦斯托波尔 110
Sega 赛加音乐 16、26、98、115
Shark's Pit 鲨鱼坑 47
Shivalah Temple 湿婆神庙 46、62、63、96
Shri Vinayaour Seedalamen 舍利凡亚尔新旦拉门寺 65、96
Souillac 苏亚克 19、76、79、94
SSR (Sir Seewoosagur Ramgoolam) Botanical Gardens (Pamplemousses) SSR植物园 (庞普勒穆斯) 19、25、37、41、96、109

Saint Antoine 圣安托尼 40
Tamarin 塔马兰 80、83、86、89、90、93、104、105
Terres de 7 Couleurs 七色土 72、100
Tien Tan Pagoda 天坛宝塔 53
Triolet 特里奥莱 34、46、96
Trou aux Biches 鹿洞 37、38、46、47、96、107、110
Trou aux Cerfs 鹿洞火山 82、183
Trou d'Eau Douce 托舵道斯 69、94、106
Turtle Bay (Baie aux Tortues) 海龟湾 44、45
Unterwater Waterfall 水下瀑布 75
Vacoas 瓦科阿 91、105
Vacoas Phoenix 瓦科阿-菲尼克斯 90
Vieux Grand Port 旧港 68、69、94、98、107
Villebague 维尔巴格 46
Whale Rock 鲸鱼岩 47
Wolmar 沃尔马 85、86、87、107、108

图片来源：

封面图片：佛力克昂佛勒克的海滨（Look/age fotostock: C.Dutton）

图　片：Domaine Anna（21 下）; Getty Images/Faba-Photograhpy（72）; huber images: M.Breitung（6 上）, H.P.Huber（6 下、60/61）, Puku（108/109）, M.Ripan（90）, Scatê（77）, Schmid（8/9、27、32、46、114 下）, Schmid（70/71）, R.Irek（57、112/113）; iStockphoto: Raido Väljamaa（20 中）; Laif: Biskup（7、22/23、32/33）, D.Denger（15、20 下）, Heuer（10、30 左、104/105）, F.Heuer（28/29）, Huber（113、114 上）, M.Jaeger（39）, Jonkmanns（59）, Meier（112）, Standl（50）, S.Zuder（封二右、53）; Laif/hemis.fr（44/45）, W.Bibikow（60）, Degas（封二左、31、80/81）, J.-P.Degas（24、43、66）, G.Giuglio（33）, Rieger（17）; Laif/Le Figaro Magazine Phone: Prignet（41）; Laif/Loop Images: E.Nathan（52）; Laif/Redux/NYT: B.Kurzen（65）, F.Langer（5 右）; Look: B.Cannon（68、82、100）; Look/age fotostock: C.Dutton（1）; Look/Photononstop（106）; Look/robertharding（2/3）; mauritius images: J.Warburton-Lee（20 上）; mauritius images/Alamy（19）, P.Brown（34/35、88）, Findlay（16）, J.Heinimann（92/93）, N.McAllister（84）, K.Sriskandan（48/49、54）; mauritius images/foodcollection（30 右）; mauritius images/Imagebroker: G.Fischer（97）; mauritius images/lookandprint.com/Alamy: F.Bette（14）; mauritius images/Photononstop/Alamy（21 上）; H.Mielke（18、11、13、36、74/75、111、115）

本书地图系原版书地图

在旅行 Traveling

在旅行
Traveling

禁忌事项

忽视消费价格

酒店与农庄之间的住宿价格差距是非常大的。一间包含早晚两餐的双人间房费,比一个毛里求斯人一个月赚的还要多。您应该提前协商好价格,并获知酒店通常的价格(比如乘出租车)。这将使您避免一些令人讨厌的意外。在导游带领的寺庙之旅一般会捐赠20~50卢比。

缺乏防盗警惕性

当您住宿在私人民宿时,如果睡觉或者外出的话,建议将门和窗户关好。请您不要把贵重物品与钱财随意地放在房间里。

上身赤裸

当地妇女就算是在公共海滩上也要穿着纱丽。当地居民会把暴露的泳装甚至是裸体日光浴当作一种挑衅。在大型酒店的游泳池内裸泳也是要受到谴责的。在那些度假者可以自由自在做自己的地方也要注意影响。

高估当地的"现代化"程度

尽管有高速公路以及交通信号灯,毛里求斯与现代化发达地区还是不同的。特别是在晚上,不仅仅要注意靠左行驶的交通规则,还要留意路上的坑洼、无法照明的自行车、醉酒的农场工人以及睡着的小狗——虽然毛里求斯的街道在白天总是活力四射的。顺便提醒一下:在进入大型酒店之前通常要进行登记,否则您可能会被门卫禁止入内。

衣着太过暴露

即便在街上和餐馆中,穿着太紧身的休闲服装也会被认为是失礼的行为。在寺庙,尤其是清真寺里,游客要穿长裤和长袖衬衫,而且在入口处需要把鞋子脱下。

收集野生动物纪念品

贝壳、珊瑚和乌龟都属于大海,而不是货架上的"除尘器"。收集或购买它们的人都要为破坏脆弱而独特的海底世界负责。无论是死去的还是活着的,外来的还是本土的,产卵的还是非产卵的——请您最好手下留情。许多动物相关的纪念品会在海关被没收,因为它们是禁止出口的。